KB146746

모든 맛에는 이유가 있다

모든 맛에는 이유가 있다

인문학에 과학으로 **감칠맛**을 더한
가장 지적인 파인다이닝

정소영·성명훈 지음

니케북스

디저트

맛과 기억 (정소영)

✳

디저트, 달콤하거나 씁쓸하거나 (성명훈)

음식으로 풀어본
'맛'의 모든 것

홍콩의 맛

　동네를 산책하다가 식당 하나를 발견했다. 외관이 이국적인 게 유독 눈에 띄었다. 언젠가 들렀던 홍콩 침사추이 어느 골목의 아주 오래됐다던 누들 식당의 모습이 소환됐다. 식당 이름 자리에는 커다란 붉은 한자가 쓰여 있다. 스테인리스 틀을 한 유리문에는 흰색으로 같은 한자가 세로로 쓰여 있다. 그 옆 유리창에는 식당의 개점 시간과 폐점 시간, 쉬는 시간, 마지막 주문 가능 시간이 쓰여 있는데 숫자를 제외한 글자는 모두 영어다. OPEN, CLOSE, BREAK TIME, LAST ORDER. 옆으로 이어진 유리창에는 메뉴 사진이 붙어 있다. 그런데 메뉴 이름이 모두 한자다. 그럴 리가. 바짝 다가가서 자세히 보니 한자 옆에 아주 작은 글씨로 쓰인 한글이 보인다. 차슈와 같은 홍콩식 고기구이가 올려진 덮밥 등이 있다. 들어가보고 싶지만 쉬는 시간. 궁금해서 바로 스마트폰을 들어 구글 검색창에 '동네이름+홍콩 식당'을 치니 예의 식당이 나온다. 관련 홍보기사들도 뜬다. 모두 "서울에서 홍콩의 진짜 맛을 만날 수 있는" 곳, "홍콩 현지의 맛과 분위기를 그대로 구현한" 곳이라는 것을 강조한다. 홍콩의 진짜 맛이란 어떤 것일까?

며칠 후, 문 여는 시간에 맞춰 방문했다. 진짜 홍콩의 맛을 장담하는 이 식당의 자신감은 우리의 맛 경험이 어쩌면 음식 솜씨보다 시각적 경험과 인지적 편향에 따라 좌우될 수 있다는 사실에 기대고 있는 듯하다. 식당 문을 열기도 전에 눈에 먼저 들어오는 커다란 한자들을 보며 홍콩의 오래된 가게를 떠올리고 여행지에서 느꼈던 낯섦까지 잠시 경험하면서 식당에 들어서면 타일로 된 벽에 주윤발(저우룬파)이 등장하는 영화 포스터가 군데군데 붙어 있다, 어디를 둘러봐도 한자다. 메뉴에서 한글을 발견하고 안도의 한숨이 나올 지경이다. 이미 홍콩의 한 식당에 온 것 같다. 이런 상황에서라면 음식이 맛이 없으면 없는 대로 그 맛이 홍콩의 맛이겠거니 하고 받아들일 수 있을 듯. 압도적인 시각적 경험이 우리가 '맛'의 '현지성'을 인지하는 데 지배적 요소로 작용한다.

이 홍콩 식당이 제공하는 홍콩의 진짜 맛은 그 식당을 찾을 손님들의 특정한 편견에 근거를 둔다. 그 식당을 찾는 사람들은 홍콩 또는 홍콩 음식에 이미 호의적일 것이 분명하다. 그렇다면 그 호의를 확대하고 강조하는 것이, 개개인의 세세한 입맛의 차이를 넘어, 진짜 홍콩 음식의 맛이라는 데 폭넓은 동의를 얻어내는 길이다. 자신이 먹을 음식을 시각화하는 인스타그램 세대 손님들에게 그 호의 또한 시각화하는 것이 가장 효과적일 것이다. 인스타그램 사용자가 아니라도 우리는 모두 시각의 시대에 살고 있다. 홍콩 식당은 우리의 마음에 이미 존재하는 홍콩에 대한 기억의 파편들을 압도적인 시각 정보를 동원해 영화적 이미지와 같은 정제된 환상으로 제공하면서 홍콩이라는 이국적 공간에 대한 향수라는 편견이 우리의 맛 경험에 강력히 개입하도록 설득한다.

많은 연구가 문화적으로 형성된 개인의 인지적 편향이 맛 경험에 중대한 영향을 미친다는 것을 보여준다. 특별한 연구결과뿐 아니라 주변을 둘러봐도 우리의 맛에 대한 선호가 사회문화적인 요소에 얼마나 영향을 받는지는 금방 알 수 있다. SNS나 대중매체에서 맛있다고 소문난 음식들의 놀라운 인기를 보자. 인플루언서나 '셀럽'이 '엄지 척'을 준 음식점 앞에는 어느새 긴 줄이 늘어서 있다. 유명한 경제학자 게리 베커Gary Becker의 이론에 의하면, 이 긴 줄 자체가 사람들이 그 식당의 음식을 먹고 싶어 하게 하는 중요한 요인이다. 음식을 맛보기 전에 우리는 이미 긴 줄을 통해 그 음식 맛에 긍정적인 평가를 내리고 그

줄의 일부가 되길 원한다. 인기 있는 작가의 소설이나 영화나 드라마에 나온 음식들은 어떤가.

맛은 사회적·시대적 윤리에도 영향을 받는다. 예전에는 이국적인 음식을 즐기는 사람이 세련된 입맛을 가진 미식가로 여겨졌다. 그러나 지금은 제철이 아닌 먹거리보다 지역의 농장에서 직접 기른 채소와 닭 등을 찾는 사람들이 입맛이 더 세련되고 좋은 것으로 인정받는다. 시대와 문화에 따라 패션처럼 맛에도 트렌드가 생기고 이 트렌드가 맛의 기준점이 된다. 그래서 한 역사학자는 맛을 담당하는 장기는 혀가 아니라 뇌라고 말한다. 문화적으로 만들어지는 뇌를 통해 맛을 평가하는 기준이 결정된다고 설명한다.[1]

혀로 느끼는 홍콩의 맛

홍콩식 바비큐 덮밥을 주문했다. 박칫까이, 차슈, 씨우육이 재스민 라이스 위에 올려져 나왔다. 박칫까이는 강황, 생강 등을 넣고 삶아낸 닭 위에 파·생강소스를 올린 것, 차슈는 돼지고기 목살이나 등심 등을 양념장에 충분히 재웠다가 구운 것, 씨우육은 아주 바삭한 껍질이 특징인 두툼한 삼겹살구이다. 우리나라에서 차슈는 종종 먹었지만 씨우육이나 박칫까이는 먹어본 기억이 없어서 무척 흥미롭고 설렜다. 세 종류의 고기 외에 살짝 익힌 청경채와 한쪽만 튀기듯이 바삭하게 익힌 달걀프라이가 곁들여져 나왔다.

차슈 특유의 향과 함께 느껴지는 달큼하면서 짭조름한 양념 맛, 씨우육의 바삭바삭한 껍질의 고소함과 함께 느껴지는 삼겹살 지방의 맛, 씨우육과는 정반대의 식감을 주는 삶은 닭고기 살에 생기를 넣는 파·생강소스의 알싸한 맛, 재스민 라이스의 향기, 청경채의 아삭함이 괜찮았다. 달걀프라이의 노른자를 터뜨리고, 테이블에 놓인 간장과 마늘 플레이크를 좀 더하니 바삭함과 마늘 향과 함께 단맛과 짠맛이 좀 더 강해진다. 언젠가 홍콩 아니면 런던 차이나타운의 시끌벅적한 식당에서 먹었던 '그 맛'인 듯했다.

그런데 외양으로 사람들의 마음을 끄는 데 성공했다 하더라도 음식이 엉터리였다면 사람들은 쉽게 설득당하지 않을 것이다. 물론 코로나바이러스 때문에 여행에 굶주린 상태고, 홍콩 식당에 온 것 같은 느낌이 들 만큼 현지를 재현한 분위기 때문에 더 맛있게 느껴지는 것일 수도 있다. 하지만 차슈의 양념 맛이 불고기 양념 맛과 다르지 않았다면, 씨우육의 껍질이 바삭거리지 않고 두꺼운 삼겹살 지방이 느끼해 거슬렸다면, 삶은 닭이 우리나라 백숙과 같은 담백한 맛이었다면, 재스민 라이스가 아니라 한식 백반에 나오는 찰기가 있는 밥이었다면 '속았다'라는 기분이 들었을 것이다. 특정한 양념과 조리법에 근거한 이 맛은 식재료를 통한 특정한 맛의 조합을 알 수 있는 '레시피'라는 객관성으로 설명이 가능하고 홍콩 음식의 정체성을 특정할 수 있는 맛이다.

그렇다고 해서 모든 사람이 같은 맛을 경험하는 건 아니다. 나에게는 차슈가 적절히 달고 짭조름했지만 같이 식사한 사람의 입맛에는 너무 달았다. 단맛, 짠맛, 쓴맛, 신맛 감칠맛으로 알려진 기본적인 맛의 경험 또한 그렇게 간단하지 않다는 것이 점점 많은 연구에 의해 밝혀지고 있다. 같은 음식을 먹어도 개개인이 경험하는 맛이 다를 수 있는 것은 개인의 환경과 경험적 요소를 통해 뇌에 새겨진 인지적 편향뿐 아니라 다양하고 복잡한 생리학적인 이유에 근거한다.

혀에 맛을 감지하는 미뢰가 있다는 것은 흔히 알려져 있다. 이를 좀 더 풀이하자면 우리의 혀에는 '유두'라고 부르는 오돌토돌한 돌기들이 있는데, 이 돌기들에 8,000~1만 개의 미뢰가 있다. 또 미뢰는 혀의 유두뿐만 아니라 입안과 목 안의 점막에도 존재한다. 이 미뢰는 50~100개의 세포로 이루어져 있고, 이 속에 각종 맛을 느끼는 미각세포들이 있다. 그리고 미각세포에는 우리가 잘 알고 있듯이 지금까지 밝혀진 단맛, 신맛, 짠맛, 쓴맛과 감칠맛을 감지하는 수용체가 있다. 음식물이 입안에 들어오면, 음식물을 구성하고 맛을 주는 수용성 화학물질이 침에 녹아 미각세포의 수용체와 결합하고, 수용체가 받아들인 정보가 전기 신경신호로 바뀌어 뇌로 전달되면, 우리의 뇌는 이 신호를 해석해 맛을 구별한다.

각각의 맛을 느끼는 수용체는 개수도 다르고 형태도 다르다. 예를 들면 단맛은 단 하나의 수용체에 의해 감지된다. T1R2

와 T1R3라고 불리는 두 가지 단백질이 결합해 이루어진 단맛 수용체는 미각세포의 표면에 있다. 입에 들어온 단맛 물질은 열쇠가 열쇠 구멍에 맞아 들어가듯이 딱 들어맞는 수용체의 구멍으로 들어가 결합하고, 그러면 수용체 모양이 뒤틀리면서 세포 안으로 신호를 보낸다. 세포 안에서는 이에 따라 연쇄반응으로 전기적 신호가 발생하면서 신경을 따라 뇌로 전달된다. 맛을 전달하는 뇌신경은 안면신경, 설인신경, 미주신경으로 입 안의 앞쪽으로부터 목 뒤쪽까지의 미뢰에서 발생하는 맛 신호를 중추로 보낸다.

그런데 이러한 생리학적 기전이 개인마다 다를 수 있다. 미각 또한 타고난 감각기능으로 시력이나 청력처럼 기능에 차이가 있다는 말이다. 예를 들면 사람마다 가지고 있는 미뢰의 숫자가 다르다는 것이 밝혀졌다. 유달리 미뢰가 많은 사람이 있는데, 그들의 경우 유두가 특별히 촘촘히 형성되어 있는 것을 확인할 수 있다. (파란색 식용색소를 혀에 발라보면 유두가 핑크색으로 드러나 쉽게 알 수 있다.) 미뢰의 수가 많은 만큼 맛에 훨씬 민감하게 반응하는 건 당연하다. 설탕을 더 달게 느끼고 소금은 더 짜게, 쓴맛은 더 참기 어려워한다. 우유의 미묘한 지방함량까지 구별하는 사람도 있다고 한다.

생애를 거치며 미뢰의 숫자가 변하기도 한다. 어린아이들은 어른보다 더 많은 미뢰를 가지고 있다. 어른이 1만 개 정도라면 아이들은 3만 개 정도라고. 어른에게는 매콤한 음식이 아이들에게는 너무 매울 수 있고, 약간 쌉싸름한 맛이 도저히 혀에 댈 수 없을 만큼 쓸 수 있다는 말이다. 어릴 때는 왜 그렇게 채소가 싫었는지 이해가 된다. 나이가 들면 미각도 퇴화한다. 또 태아일 때부터 어머니가 먹는 음식에 따라 맛의 선호가 다르게 발달할 수 있다.

그렇다면 나와는 달리 차슈의 단맛이 과하다고 느낀 사람도 미뢰의 수가 특별히 많은 사람일까? 그렇게 단정 지을 수 없다. 개인의 미각에 관여하는 변수가 한둘이 아니기 때문이다. 특히 유전학이 발달하면서 유전인자들이 미각에 미치는 영향에 관한 연구가 지속해서 나오고 있다. 예를 들면 단맛과 감칠맛 수용체를 형성하는 유전자 T1R3의 경우 특정 부위의 염기순서―사람의 유전자는 아데닌A, 구아닌G, 시토신C, 티민T이라는 종류의 염기 30억 개가 일정한 순서로 늘어서 있고, 배열의 순서나 특정 염기의 결여로 질병의 원인 등을 알아낼 수 있다―가 TT형인 사람은 단맛에 덜 예민하게 반응하고 CC형인 사람은 단맛에 매우 민감하다. 같은 음료수를 마셔도 한 사람은 보통의 단맛으로 느끼는 반면 또 한 사람은 설탕시럽 수준의 당도를 느낀다는 것.[2] 우리나라 사람들을 대상으로 실시한 한 연구에서는 CT형인 경우 CC형보다 과음하는 경향이 높고 소주를 좋아한다는 상관관계를 밝히기도 했다.[3]

그뿐만 아니라 우리가 실험실이 아닌 일상에서 경험하는 맛은 복합적이라는 것이 맛 경험의 이해를 한층 더 복잡하게 한다. 우리가 일상에서 순수한 단맛이나 짠맛을 경험하는 일은 극히 드물다. 보통 음식을 통해 다양한 맛을 동시에 경험하는데, 이때 맛은 상호작용을 한다. 짠맛은 단맛을 증대하고 쓴맛을 줄여준다. 쓴맛은 단맛을 약하게 하고 반대로 단맛은 쓴맛을 약하게 한다. 민감한 쓴맛수용체를 가진 사람은 음식에 들어 있는 쓴맛 물질을 더 잘 느끼고 상대적으로 단맛을 적게 느낄 수 있다. 그런데 T2R이라고 부르는 쓴맛수용체는 그 종류가 적어도 25개나 된다. 이 중 어떤 것들(T2R10, T2R14, T2R46)은 여러 종류의 쓴맛 물질에 반응하고 어떤 것은(T2R3) 하나의 특정한 쓴맛 물질에만 반응한다. 음식에 어떤 종류의 쓴맛 물질이 포함되어 있는지에 따라, 사람마다 어떤 쓴맛수용체의 민감도가 더 강하게 작용하는지에 따라 쓴맛뿐 아니라 단맛을 느끼는 정도도 달라진다. 나와 함께 식사했던 사람이 어쩌면 나보다 많은 미뢰를 가지고 있을 수도 있지만, 그것과는 상관없이 오히려 쓴맛에 덜 민감한 쓴맛수용체를 가지고 있을 수도 있다는 뜻이다. 개인의 맛 경험은 이 모든 맛의 수용체가 어떻게 기능하는가에 영향을 받는다.

미각에서 플레이버로

우리의 맛 경험은 또한 미각뿐 아니라 후각 경험과 함께 일어난다. 우리가 의미하는 맛이 미각뿐 아니라 후각 경험까지를 포함한다는 것을 상기할 필요가 있다. 감기에 걸려 코가 막혔을 때 음식을 먹으면 우리는 흔히 "아무 맛도 나지 않는다"고 말한다. 그런데 잘 생각해보면 사실 우리가 느끼는 것은 오로지 맛뿐이다. 단맛, 짠맛, 쓴맛, 신맛, 감칠맛만을 느낀다. 그러나 음식의 향을 느끼지 못하기 때문에 단맛의 정체가 사과인지 배인지 알 수 없다. 즉 무슨 음식인지 알 수가 없다. 그러니 "아무 맛도 나지 않는다"고 할 때 맛은 미각이 아닌 어떤 음식을 먹을 때 그 음식이 무엇인지 인지할 수 있는 총체적인 '플레이버flavor'를 의미한다.

우리는 말할 때 맛과 플레이버를 혼용해서 쓴다. 맛있다는 건 단지 혀에서 느껴지는 다섯 가지 맛이 조화롭다는 뜻이 아니라 그 음식의 총체적인 플레이버가 좋다는 것을 의미한다. 우리가 흔히 말하는 음식의 맛이라는 것은 혀에서 맛을 느끼는 세포와 코에서 냄새를 감지하는 세포가 보내는 정보를 뇌에서 종합한 결과다. 미식학자인 피터 클로스Peter Klosse에 의하면 플레이버는 혀로 느끼는 단맛, 신맛, 짠맛, 쓴맛, 감칠맛 외에 냄새, 촉감, 온도 등 거의 모든 감각적 정보를 종합하여 느끼는 뇌의 지각을 통한 경험이다.[4] 이 글에서 때에 따라 맛이 아니라 맛 경험이라고 쓴 것은 플레이버와 같은 의미다. 흔히 맛과 플레이버를 혼용하기도 하거니와 플레이버를 향으로만 이해하는 경향도 있어서 이런 제한적 의미의 맛과 플레이버가 아닌 총체적 경험으로서의 맛을 구별하고 강조하기 위함이다.

음식의 맛, 플레이버에서 미각의 역할보다 후각의 역할이 훨씬 크다는 사실은 많이 알려졌다. 흔히 알려진 통계에 의하면 냄새는 미각의 75% 이상을 관여한다. 예일대 의과대학 신경과학부 교수인 고든 셰퍼드Gordon Shepherd는 망막이 사물을 투사하는 것과 같은 방식으로 후신경구가 냄새 분자를 다룬다는 사실을 밝혀냈다. 망막은 시신경을 통해 뇌에 신호를 보냄으로써 우리가 사물을 볼 수 있게 한다. 마찬가지로 우리가 냄새를 형성하는 분자들에 자극을 받으면, 우리 뇌 속에는 그 냄새의 이미지가 형성된다는 것. 다시 말해 뇌가 맛을 만든다는 의미다.[5] 셰퍼드의 연구는 미각이 어떻게 뇌지각으로 이어지는지, 즉 우리의 맛 경험에서 뇌의 작용을 연구하는 '신경미식학neurogastronomy'이라는 분야를 개척했다.

맛 경험을 뇌의 작용을 통해 이해하는 이러한 최근의 연구들은 임상의학자, 식품과학자, 요리사에게 지대한 영향을 미친다. 미식의 경험이 재료의 조화로운 조합에만 달려 있지 않다는 것은 우리의 맛 경험을 이해하는 데 중요한 정보다. 제아무리 '황금레시피'대로 만든 음식이라 해도 미각에 문제가 있는 사람들은 요리사가 의도한 맛을 온전히 느낄 수 없다. 건강상의 이유로 섭취할 수 없는 음식이 생기기도 한다. 신경미식학은 후각이나 다른 감각을 활용함으로써 맛 경험의 부족한 즐거움을 보완할 수 있는 여러 방안을 연구하는 데 중요한 토대를 제공한다.

나의 경우 일상에서의 작은 경험이 이러한 연구 가능성을 곧바로 이해할 수 있게 해주었다. 예를 들면 향에 의해 단맛과 짠맛의 강도가 다르게 느껴질 수 있다는 것을 커피를 마시며 깨달았다. 카푸치노를 마실 때 시나몬 파우더를 뿌리면 그렇지 않을 때보다 커피가 달콤하게 느껴진다는 것. 시나몬 향은 보통 빵, 파이, 수정과 같은 달콤한 것을 먹을 때 맡았기 때문에 나의 뇌는 시나몬 향을 감지하는 순간 내가 먹을 음식이 달콤한 것이라고 결정한다. 미각에 앞서 이미 뇌에 의해 맛이 정해진 것이다. 그러니 특정한 향을 첨가함으로써 현대인의 건강에 가장 큰 공적인 설탕이나 소금이 양을 줄이면서 먹는 즐거움을 해치지 않는 맛 경험에 대한 연구의 무한한 가능성이 이해된다.

후각, 청각, 시각, 촉각이 총체적인 맛 경험으로서의 플레이버에 어떻게 영향을 미치는지에 대한 흥미로운 연구결과들이 지속적으로 나오고 있다. 영국 옥스퍼드 대학교의 실험심리학 교수인 찰스 스펜스Charles Spence 또한 미식학과 물리학을 합성한 '미식물리학gastrophysics'이라는 새로운 연구 분야를 만들고 다양한 감각을 통한 정보가 우리의 맛 경험에 어떻게 영향을 미치는지 흥미로운 연구를 진행하고 있다. 예를 들어 그의 연구팀이 내놓은 결과에 의하면 프링글스 감자칩을 먹을 때 소리를 증폭하는 것만으로 15% 더 바삭거리고 신선한 맛을 느낄 수 있다고 한다. 딸기향 무스가 검은 그릇에 담겼을 때보다 흰 그릇에 담겼을 때 더 달게 느껴지고, 흰 머그잔에 담긴 커피는 투명한 유리컵에 담긴 커피보다 훨씬 진하게 느껴진다고.[6] 맛 경험에 관여하는 뇌와 심리의 작용을 밝혀내는 이러한 연구들은 맛이라는 경험은 결국 생리학적인 감각과 인지작용을 분리해서 이해할 수 없다는 것을 보여준다.

우리가 음식을 먹을 때 후각·미각·청각·시각·촉각이 모두 안와전두피질에서 결합된다. 이렇게 종합된 정보가 뇌의 맛감각을 형성하는데, 이 맛을 담당하는 안와전두피질은 학습·기억·감정·인지·언어와도 연관되어 있다. 미식과 관련해 뇌와 행동의 관계에 대한 다양한 연구는 맛 경험을 이해하는 데 문화적 요소와 생리학적 요소가 하나의 고리로 연결되어 있음을 보여준다. 홍콩 맛의 경험은 음식의 정체성을 분명히 해주는 양념과 식재료, 이 음식의 맛과 향을 감지하는 생리학적인 작용, 감지되는 맛과 향을 특정한 음식—이 경우에는 홍콩 음식—이라고 해석하는 인지작용까지 모두 아우르는 것이다. 그리고 아주 살짝만 살펴보아도 각 단계에 작용하는 변수가 얼마나 다양한지를, 그리고 각 단계가 상호연관되어 있다는 것을 알 수 있다. 결국, 개개인은 저마다 다른 맛의 세계를 가지고 있다는 것!

맛 이야기로의 초대

이러한 맛 경험이 일어나는 복잡한 과정에도 불구하고 음식을 먹은 후 우리의 감상은 대부분 대단히 단조롭다. "맛있다" "맛없다"가 주로 중요한 코멘트다. 조금 더 나간다면 "지금까지 먹어본 짜장면 중에서 가장 맛있어" "이렇게 맛없는 냉면은 처음이야" "너무 짜" "너무 달아" "고기가 퍽퍽해" "채소가 질기다" 정도. 그리고 우리와 다른 평가를 내리는 사람의 입맛에는 알게 모르게 의문을 품는다. '어떻게 굴을 못 먹을 수 있지?' '아직도 브로콜리를 못 먹는다고?' '진짜 맛있는 고등어 회를 못 먹어봤구나.' 각자가 다른 맛의 세계를 가지고 있고, 모든 맛에 이토록 복잡한 이유가 있다는 것을 안다면, 이러한 편견이 없어진다. 어떤 음식에 대해 맛이 있다 없다 평가하고, 자신과 다른 의견을 낸 사람에 대해 의문을 품기보다는 각자의 맛 경험을 나누는 것이 훨씬 즐겁고 생산적이지 않을까? 그러다 보면 우리가 경험하는 다양한 맛에 더욱 섬세한 관심을 기울이게 되고 그것을 표현하고 공유할 수 있지 않을까?

이 책에서는 인간의 행동과 세상에서 일어나는 모든 일을 문화적 산물로 보는 '편견'을 가진 사회학자(문화연구자)와 인간을 이해하는 데 생리학적·의학적 관점을 중심에 두는 의사가 만나 맛 경험에 관해 이야기한다. 두 저자는 '맛있다' '맛없다'로 끝내지 않고 왜 이 음식은 맛이 있고 저 음식은 맛이 없는지, 왜 어떤 음식은 이런 맛이 나고, 어떤 음식은 저런 맛이 나는지 그 이유에 대해 좀 더 진지한 이야기를 나눈다. 각자의 개인적 경험에서부터 전문 지식에 이르기까지 맛에 초점을 맞추어 이야기를 끌어낸다. 맛이라는 공통 관심사로 만났기 때문에 공통으로 알고 있는 이야기도 있고, 한 사람만 알고 있는 이야기도 있다. 공통으로 알았던 이야기는 둘의 이야기가 더해지면서, 한 사람만 알고 있는 사실은 새로운 깨달음이 더해지면서 그 의미의 범위가 확장된다.

이 책은 연구 논문처럼 특정한 맛 혹은 맛에 관련된 현상에 초점을 맞추는 것이 아니라 일상에서 만나는 음식을 통해 경험하는 복합적인 맛 경험에 대해 요모조모 살펴본다. 두 저자가 각자의 전공 분야에서 접했던 맛에 관한 다양한 지식과 정보를 함께 풀어내면서 맛 경험의 지평을 넓히고, 우리의 일상에서 가장 중요한 행복의 원천인 맛의 즐거움을 증대하고픈, 소박한 듯하지만 중대한 목표를 품고 있다. 문학, 사회학, 미디어, 문화연구 등 인문·사회과학 분야를 자유롭게 넘나드는 정소영의 이야기에는 사회, 문화, 심리, 역사, 철학, 문학 등의 분야가 녹아 있고, 의료 분야 중에서도 맛 작용의 핵심이 되는 기관 전문인 이비인후과 의사인 성명훈의 이야기에는 생리학과 의학은 물론, 진화생물학, 유전학 등이 녹아 있다.

이 두 분야의 이야기를 우리는 퓨전 코스 요리나 정찬 코스 요리처럼 샐러드, 수프, 생선요리, 파스타, 고기요리, 와인, 디저트 순으로 차렸다. 코스 요리를 즐기듯이 순서에 따라 차례대로 모두 맛볼 수 있고, 또는 원하는 것을 골라 단품으로 주문하는 '알라카르트' 메뉴라고 생각하고 끌리는 메뉴부터 먼저 맛보고 시간을 두고 나머지 메뉴들도 모두 섭렵할 수 있다.

책을 읽는 데서 끝나지 않고 더 나아가 독자들이 각자의 맛 경험과 이야기를 나누며 메뉴를 더 풍요롭게 할 수도 있겠다.

또 고깃집에서 저녁 약속이 있다면 이 책의 고기 메뉴를 먼저 슬쩍 맛보고 갈 수도 있다. 와인바에서 약속이 있다면 이 책의 와인 메뉴를 먼저 맛보고 가는 건 어떨까. 맛있다, 맛없다를 맴도는 맛에 관한 대화에 활기를 불어넣고 식사의 즐거움을 배가할 수 있을 것으로 감히 믿는다. 이 책을 집어 든 독자는 맛에 대해 보통 사람들보다는 더 큰 관심을 가진 사람일 테니, 아무쪼록 어떤 방식이든, 각자의 입맛대로 마음껏 즐기기를 바란다.

공저자를 대표하여

정소영

샐러드

샐러드의 맛, 이름에서 드레싱까지

정소영

샐러드 말고 리프레시

refresh, yangyang poke, vegan life, stress release, energizer, four seasons… 우리 동네에 있는 한 샐러드 전문점의 메뉴다. 들어간 재료는 우리말로도 쓰여 있지만, 개별 메뉴의 이름은 모두 영어로 쓰여 있고 이름 옆에 "#싱싱한 상큼함", "#서퍼들의 파워부스터", "#맛있게 비건 라이프" 같은 해시태그를 달았다. 다른 요리의 들러리가 아니라 주인공이라는 것을 내세우기 위해, 그 자체만으로도 특별한 한 끼라는 것을 강조하기 위해, 볼 하나에 담긴 식사가 빈약해 보이지 않도록 언어적 마법을 시도한 것일까. 사진이 있긴 하지만, 단호박 샐러드, 에그 샐러드처럼 주재료를 내세우지 않은 이름들은 마치 샤워젤 이름 같기도 하다. 샤워젤 이름은 그것을 만드는 데 사용된 재료보다 조합된 재료의 결과물이 내는 효과에 주목하게 한다. 그 효과는 '레인포레스트rainforest' 같은 이름이 우리의 마음속에 단번에 불러일으키는 정신적, 감각적 이미지다. 비 온 뒤 숲속을 걷는 듯한 느낌, 열대 과일의 달콤함, 때로는 도시적인 시크함 같은 것까지. 샐러드 메뉴판을 보고 비슷한 느낌을 받는다. 나른하고 맥빠진 몸을 깨워주는 상쾌함, 양양 앞바다를 즐기는 격정적인 서퍼들의 에너지 같은 추상적이지만 확실한 감각적 경험을 상상하게 한다.

'리프레시' 샐러드를 먹으면 과연 내 몸이 상쾌하게 깨어날

지는 모르겠지만, 그 이름이 '그린green' 샐러드였다면 리프레시보다는 분명 식욕도 덜 당기고 맛도 덜했으리라. 영국 연구팀이 진행한 흥미로운 연구의 결과가 이를 뒷받침한다.[1] 연구팀은 동일한 재료로 만든 음료수에 다른 이름을 붙여 실험 참가자들에게 마시게 했다. 실험에 참가한 사람들은 일반인보다 맛에 민감한 전문 테이스터, 음식 소매상, 식이 전문가, 요식업 종사자였다. '겨울 향신료Winter Spice'라고 이름을 붙인 음료수를 맛본 후 그들은 뮬드와인mulled wine(뱅 쇼vin chaud), 정향, 블랙커런트, 계피 같은 플레이버가 풍부한 것 같으며 크리스마스를 연상시키는 플레이버가 느껴진다고 평가했다. 그런데 동일한 음료에 '상큼한 여름 열매들Refreshing Summer Berries'이라는 이름을 붙인 후 시음하게 하자 과일 향, 상큼함, 가벼움, 갈증을 해소해주는 요소들이 풍부하다고 평가했다. 똑같은 음료에 대해 내놓은 상반되는 평가가 놀랍지 않은가? 참가자들의 맛 경험은 음료의 이름을 보는 순간 그 이름이 마음속에 불러일으키는 요소들에 강력한 영향을 받았다는 것을 보여준다.

우리의 맛 경험은 혀의 감각 경험으로 한정되지 않는다. 후각, 시각, 청각뿐 아니라 이 감각적 정보를 종합하는 인지작용까지 합쳐진 경험이다. 음식의 이름뿐 아니라 그 음식에 대한 묘사와 설명도 음식 맛에 영향을 미친다는 다양한 연구결과가 있다. 그리고 그 이름과 묘사가 꼭 글로 쓰인 것이 아니라 웨이터의 말을 통해 전달되어도 결과는 마찬가지다. 내가 자주 가는 식당에서 돼지갈비를 시키면 주문을 받은 분이 늘 "갈비는 주방에서 '맛있게' 구워져서 나옵니다"라고 말한다. 식탁에서 직접 구워 먹는 것이 아니라는 정보를 주는 것이 주목적인 듯한데 '맛있게'라는 단어를 꼭 강조한다. 당연히 맛있게 구워야지 무슨 소리, 하는 생각이 들지만, 그 단어가 갈비를 더욱 기대하게 만드는 것도 사실이다.

소간과 버라이어티 고기 중 무엇을 드시겠어요?

2차대전 후반부쯤 미국에서는 육류 위주의 식단에 위기가 찾아왔다. 해외 주둔한 참전 병사들에게 보내느라 정작 자국에서 소비할 육류의 양이 부족해진 것이다. 미국 정부는 살코기 못지않게 단백질을 비롯한 다양한 영양소를 함유한 가축의 심장, 간, 콩팥 등 내장을 식재료로 활용해 육류가 부족한 국민들의 식단을 보완하고자 했다. 그런데 그동안 버렸던 생소한 부위를 사람들이 선뜻 먹을 리 없었다. 일단은 참전한 젊은 병사들을 위해 고기를 양보하자는 애국심에 호소하는 홍보에 중점을 두었다. 그러나 고기 대신 내장을 식단에 적극적으로 활용하게 하기 위해서는 더 효과적인 장려법이 필요했다. 정부는 미국 전역에서 유명한 요리사들을 불러 모아 다양한 요리법을 개발하는 것보다 더 효과적인 방법을 알고 있었다.

내장을 식재료로 활용하도록 널리 장려하는 국가적 프로젝트를 맡게 된 사람들은 유명한 인류학자 마거릿 미드Margaret Mead를 비롯한 심리학자와 사회학자들이었다. 그들은 어떤 것을 먹게 하는 동기보다 어떤 것을 먹지 않게 하는 요소에 집중했다. 어떻게 내장을 먹게 할까보다 왜 내장을 먹지 않을까에 초점을 맞춘 것이다. 그들은 연구를 통해 내장을 먹지 않는 중요한 이유가 내장을 가리키는 단어가 불러일으키는 생소함과 거부감이라는 것을 알아냈다. 소고기를 사러 다니던 사람들이 정육점에 가서 갑자기 "소뇌 주세요", "소간 주세요"라고 말해야 하는 것이 얼마나 '이상한' 일인지도. 그들은 내장을 '맛보는 혀'에 앞서 '말하는 혀'에 좋은 명칭으로 바꾸어야 한다는 것을 알았다. 구체적인 장기를 가리키는 단어 대신 사람들에게 친근감 있는 단어가 필요했고, '버라이어티 고기variety meats'라는 단어를 생각해냈다. "소간 주세요"가 아니라 "버라이어티 고기 주세요"라고 할 수 있게 되자 내장을 식재료로 활용하는 것에 대한 거부감이 사라졌고 '버라이어티 고기'를 이용한 요리법들도 자연히 개발되어 퍼졌다. 1943년 《라이프Life》 1월호에는 "버라이어티 고기: 맛있고, 푸짐하고, 영양가가 높다Variety meats: They are good, abundant, highly nutritious"라는 제목의 글이 실렸다.[2]

'아' 다르고 '어' 다르다. 이 말을 철학적으로 표현하자면, 언어가 우리의 리얼리티를 구성한다는 것이다. 우리의 리얼리티를 구성하는 요소들의 물리적 성질은 변하지 않지만, 그 요소들이 어떤 언어의 옷을 입고 삶 속에 자리 잡는가에 따라 우리의 리얼리티의 모습은 달라진다. 소간과 뇌를 다양한 고기라고 부른다고 해서 그것들이 안심과 등심 같은 맛을 내지 않는다. 그러나 한편에서는 고기가 부족해 뇌와 간을 먹을 수밖에 없는 리얼리티를, 또 한편에서는 다양한 고기를 맛보는 리얼리티를 구축하게 되는 것이다. 우리의 미각은 이런 리얼리티를 인지하는 뇌와 협상하고 설득당한다. 늘 먹던 스테이크와 다른 맛이라 이상하고 혐오스러운 것이 아니라, 새로운 맛이고 영양가도 높으니 먹어볼 만하다고.

그렇다면 '리프레시'가 '그린 샐러드'나 '양배추 샐러드'보다 맛있을 수 있다는 것은 확실하다. 특히 생채소가 주재료이므로 후각적 경험이 약한 샐러드 전문점에서는 메뉴 이름이 먹는 이의 맛 경험에 더욱 큰 영향을 미칠 수 있다.

19세기 프랑스에서 '요리의 제왕'이라 불린 오귀스트 에스코피에Georges Auguste Escoffier는 이미 혀 밖의 요인들이 맛 경험에 영향을 미친다는 것을 깨달았다. 그는 요리에 이름을 붙이는 데도 조리법만큼 심혈을 기울였다. 그는 '안심스테이크'나 '그레이비소스를 곁들인 안심스테이크'가 아닌 '필레 드 뵈프 리슐리외Filet de Boeuf Richelieu'(리슐리외의 쇠고기 안심스테이크)를 내었다. 리슐리외는 루이 13세 때 외무부장관이었던 리슐리외 추기경 공작의 영지 이름으로 알려져 있다. 그런데 이 요리명의 리슐리외는 추기경의 후손인 18세기의 장군이며 정치가였던 미식가 리슐리외 공작 이름에서 가져온 것이다. 그런가 하면 바닐라 아이스크림에 아주 잘 익은 복숭아와 라즈베리소스를 곁들인 단순한 디저트도 그의 식당에서 식사한 호주 오페라 가수인 넬리 멜바Nellie Melba의 이름을 따 '피치 멜바'라 불렀다. 이렇게 요리 이름에 유명한 사람의 이름, 요샛말로 셀럽의 이름을 넣어 특별함과 화려함을 맛 경험에 더했다. 혹시 앞서 말한 샐러드 전문점에 BTS라도 다녀가서 BTS's choice라는 이름이 붙은 메뉴가 생긴다면 어떨지 상상할 수 있지 않은가?

칸딘스키 샐러드와 인지적 편향

언어뿐 아니라 시각적 요소도 음식 맛에 대한 기대에 큰 영향을 미친다. 옥스퍼드 대학의 한 연구팀은 샐러드를 가지고 한 재미있는 실험을 통해 시각적 요소가 실제로 음식을 먹은 후 느끼는 맛에도 매우 큰 영향을 미친다는 연구결과를 내놓았다.[3] 연구팀은 같은 레시피로 만든 샐러드를 접시에 담는 방법만 다르게 하여 실험 참가자들에게 맛보게 했다. 한 접시에는 가장 흔한 형식으로, 채소와 소스를 가운데로 모아 담았고, 또 한 접시에는 채소와 소스를 각기 떨어뜨려 가지런히 늘어놓듯이 담았다. 또 다른 한 접시에는 칸딘스키Wassily Kandinsky의 〈페인팅 No. 201〉이라는 작품의 색감과 모양을 본떠 채소와 소스를 예술적 느낌이 나도록 구성해 담았다. 샐러드를 먹기 전 참가자들은 3번 샐러드의 '예술적' 구성을 인지했고 다른 두 샐러드에 비교해 높은 선호도를 보였다. 또한 더 많은 돈을 내고 먹을 용의가 있다고 보고했고, 맛에 대한 기대치도 다른 두 샐러드보다 높았다. 샐러드를 먹은 후 참가자들은 3번 샐러드가 여전히 더 맛있다고 평가했다. 흥미롭게도 샐러드를 먹은 후 3번 샐러드의 맛에 대한 평가가 먹기 전 기대치보다 높아졌다. 먹어보니 생각보다 더 맛있었다는 것.

참가자들에게 3번 샐러드가 칸딘스키의 작품에서 영감을 받은 것이라고 알리지는 않았다. 그러나 참가자들은 3번을 보고 예술적 특성과 연결했고 예술에 대해 가지고 있는 그들의 평소 생각이 3번을 경험하는 데 영향을 미쳤다. 평범한 것보다 예술적인 것은 더 좋고, 더 비싸고, 더 많은 시간과 공을 들인 '작품'이라는 인지적 편향이 3번 샐러드에 대한 시각과 미각적 반응을 뇌에서 처리하는 데 지대한 영향을 미친 것이다.

이 연구결과는 우리의 감각적 반응과 그 감각적 정보를 종합하는 과정이 단순하지 않다는 것을 증명한다. 우리는 외부 현상을 있는 그대로 인식하지 않는다. 보고 듣고 느끼는 것들이 우리 마음에 새겨진 인지적 편향, 다시 말해서 다양한 편견을 통해 '해석'된다. 우리가 기존에 습득한 지식, 정보, 경험뿐 아니라 정서적 상태가 외부 현상을 이해하는 데 편견으로 작용한다. 한마디로 경험은 감각 체험과 같지 않다는 말이다. 우리의 경험은 주관적인 뇌(의식과 무의식)가 감각을 해석한 것이라고 해야 맞는다. 감각 체험의 순간 뇌는 개인적 기억과 온갖 욕망을 끌어와 그 체험을 해석한다. 맛 경험 또한 예외는 아니다. 칸딘스키 샐러드 실험과 같은 다양한 실험이 우리의 '맛' 경험은 단순한 미각적 반응뿐 아니라 다양한 감각을 통해 들어오는 정보에 대한 '인지적 반응'을 동반한다는 것을 보여준다. 요컨대 미각을 체험하는 순간 다양한 편견이 개입해 그 체험을 해석하고, 우리의 맛 경험은 그 해석의 결과인 것이다.

샐러드에 담긴 욕망

샐러드라는 단어는 채소가 아니라 드레싱에서 유래했다. 샐러드는 라틴어로 소금을 뜻하는 sal에서 유래했다. 소금은 식욕을 돋우는 것으로 알려졌고, 샐러드는 식욕을 돋우기 위해 식전에 먹는 소금에 절인 올리브, 케이퍼, 오이 등의 채소를 가리켰다. 고대부터 중세를 거쳐 르네상스에 이르기까지 요리의 기본은 다양한 맛의 조합이었다. 완벽한 요리는 모든 맛이 공존하는 맛이었다. 짠맛과 단맛, 신맛과 단맛, 단맛과 쓴맛 등의 조합이 모든 요리에 적용되었다. 샐러드만이 짠맛과 신맛으로 이루어지는데 이는 샐러드가 식전, 또는 식사 중간중간에 식욕을 유지하고 돋우는 목적으로 제공되었기 때문이다. 17세기 이탈리아에서는 샐러드를 식사 내내 테이블 위에 두었는데, 주요리의 단맛과 대조를 이루어 식사 내내 입맛을 돋우기 위함이었다.

식욕을 돋우는 샐러드의 짠맛과 신맛의 역할과 식사 내내 샐러드나 그와 비슷한 것을 테이블 위에 두는 이탈리아 스타일은 프랑스 음식이 그 독자성을 확보하는 데 실마리가 되었다. 프랑스는 짠맛과 신맛으로만 구성된 샐러드에서 새로운 요리 맛의 기본 틀을 가져왔다. 디저트를 제외한 모든 요리에서 단맛을 제외한 것이다. 서양 요리에서 처음으로 짠맛과 단맛이 분리되었다. 디저트 전의 모든 요리를 짠맛과 신맛으로만 구성해 '샐러드 같은' 기능을 하도록 한 것이다.[4] 짠맛과 신맛은 샐러드뿐 아니라 다른 다양한 요리 소스의 대표적인 맛이 되었다. 즉 프랑스 요리는 식사 내내 식욕을 돋우면서 포만감을 지연하는 것이다. 그러다가 단맛을 식사의 맨 마지막에 배치해 더 먹고 싶은 욕망을 차단하고 마침내 포만감을 허용한다. 이런 변화는 음식을 즐기는 데만 철저히 중점을 둔 것이었다.

짠맛과 단맛의 분리와 함께 프랑스 요리는 이전 유럽 요리의 전통에서 완전히 분리되었다. 건강과 맛의 조화가 중요한 요소였던 르네상스 시대의 요리와 달리 프랑스 요리는 순간적인 즐거움과 쾌락주의를 추구하는 철저하게 세속적인 것이 되었다. 미각의 즐거움을 찬양했고 끝없이 식욕을 자극했다. 플레이버와 향이 중요해졌다.[5] 향신료 사용은 금했는데, 플레이버와 향이 너무 직설적이라는 이유였다. 식재료 본연의 향을 돌보이게 하지 않고 오히려 가린다고 생각했던 것이다. 향신료 대신 미묘하고 자연스러운 향을 더해주는 허브가 주로 쓰였다. 마찬가지로 식재료의 색이나 모습을 변화시키는 조리법도 인공적인 것으로 간주되었다. 심지어 음식을 갈색이 나도록 굽는 것도 지양되었다. 프랑스 요리의 여러 가지 혁신과 변화는 모두 미각의 즐거움을 극대화한다는 목적에 근거한다. 샐러드에는 이처럼 미각의 쾌락을 지속하려는 욕망이 투영되어 있다.

드레싱, 짭짤하고 새콤하고 고소할 것!

샐러드 재료만큼 중요한 것이 드레싱이다. 모든 드레싱의 기본은 소금(짠맛), 오일, 식초(신맛)다. 이 조합은 르네상스 시대의 레시피를 봐도 다르지 않다. 르네상스 시대 저술가 플라티나 Bartolomeo Platina에 따르면 익히지 않은 양상추에 소금을 뿌리고, 오일을 넣고, 오일보다 많은 양의 식초를 넣고 바로 먹는 것이 샐러드를 맛있게 즐기는 법이다. 맛이 좀 밋밋하다면 민트 잎이나 파슬리를 약간 넣을 수 있다고.[6] 짠맛과 신맛을 내는 재료와 사용되는 오일 종류에 따라 샐러드의 전체적인 맛이 달라진다. 단맛을 넣어 만든 드레싱도 있지만, 이 역시 소금과 오일, 식초를 기본으로 한다. 요즘은 샐러드를 곁들이 음식이 아닌 한 끼를 담당하는 주인공으로 여기면서, 드레싱이 샐러드 재료를 돋보이게 하는 역할을 넘어 샐러드의 맛을 좌우하는 중책을 수행하는 경우가 많이 있다. 만드는 이의 비법이 담겼다는 개성 있는 드레싱으로 어필하기도 한다.

그런데 아직 샐러드가 대부분 소금, 오일, 식초에 버무린 것으로 식욕을 돋우는 들러리 역할에 묶여 있던 때, 드레싱의 화려한 변주로 샐러드를 만찬의 스타로 만든 이가 있다.『몬테크리스토 백작*Le Compte de Monte-Cristo*』, 『삼총사*Les Trois mousquetaires*』, 『철가면*L'homme au masque de fer*』같은 흥미진진한 이야기를 쓴 알렉상드르 뒤마*Alexandre Dumas*다. 그의 역작은 사실 따로 있다. 바로『요리대사전*Grand Dictionnaire de Cuisine*』이다. 이 책 서문을 보면 그가 소설을 쓴 이유가 심지어『요리대사전』을 쓰는 동안 수입이 필요했기 때문이라는 이야기가 나온다. 그런데 안타깝게도 생전에 출판되지 못하고 그가 죽은 후 3년이 지나고 1873년에야 출판되었다.

『요리대사전』은 A항목의 '압생트*absinthe*'(식물 이름이자 술 이름)에서 Z항목의 '제스트*zest*'(레몬이나 오렌지의 흰 부분을 제외한 얇은 껍질)까지 레시피를 포함한 모든 것에 대한 백과사전으로, 일반인과 전문가 모두를 위한 책이다.[7] 뒤마는 미식가인 동시에 훌륭한 요리사였다. 전문요리사가 아니라면 남자는 요리를 거의 하지 않던 시대였음을 고려하면 대단히 이례적인 경우고, 그의 요리에 대한 열정을 알 수 있다. 그는 자신이 만든 샐러드에 특별히 자부심을 느꼈는데, 친구인 줄스 재닌에게 보내는 편지에 그것에 관해 자세히 썼다.[8] 그는 저녁 만찬에 초대한 손님들을 모두 대만족시킨 샐러드를 만들었는데, 그날 참석하지 못한 론코니가 샐러드만큼은 도저히 놓칠 수 없어서 하인 편에 보내달라고 부탁할 정도로 호평이 자자했다고. 그는 재닌에게 '어떻게 샐러드가 가장 중요한 요리가 될 수 있지?'라고 묻겠지만, 그것은 자신의 샐러드가 다른 샐러드와는 다르기 때문이라고 썼다. 그리고 샐러드 레시피를 자세히 설명한다. "대단한 상상력"과 "재료를 구성하는 원칙"과 "다섯 가지 주요 재료"가 필요한 샐러드라면서. 다섯 가지 재료는 비트 저민 것, 반달 모양으로 썬 셀러리, 다진 트러플, 잎이 달린 램피온(채소의 일종), 삶은 감자다.

재료들을 샐러드 볼에 담았다가 접시에 뒤집어 담는다. 그리고 빈 볼에 삶은 달걀노른자(두 사람당 하나, 손님이 12명이면 6개)를 넣고 오일을 넣어 짓이겨 페이스트로 만든 것에 처빌, 잘게 부순 참치, 다진 안초비, 디종 머스터드(마유Maille라는 브랜드명으로 잘 알려져 있다), 간장 한 술, 다진 피클 오이, 다진 달걀흰자를 넣는다. 여기에 구할 수 있는 한도에서 가장 좋은 식초를 넣어 소스를 묽게 만든다. 그리고 샐러드를 볼에 다시 담는다. 잘 섞는 것은 하인이 한다고. 마지막에 잘 섞은 샐러드에 헝가리산 붉은 파프리카로 만든 파프리카가루를 뿌린다.

뒤마는 또 샐러드를 만드는 기본에 대해서도 덧붙인다. 그에 따르면 샐러드를 만들 때 보통 소금과 후추를 식초에 먼저 녹인 후 채소에 한두 스푼 끼얹는 것으로 시작하는데, 이것은 잘못된 방법이다. 채소를 소금, 오일, 후추로 먼저 버무린 후 식초를 넣는 것이 좋다. 이렇게 하면 채소에 소금과 후추가 골고루 묻고, 불필요한 식초는 볼 바닥으로 흘러내려 고이게 된다. 그의 샐러드드레싱은 잘게 부순 참치와 삶은 달걀이 들어가므로 마지막 단계에서 묽기를 조절하면서 딱 필요한 만큼만 식초를 넣는다. 신맛보다는 짠맛에 중점을 둔 드레싱이다. 그러나 그의 드레싱은 참치와 안초비와 간장까지 들어가서 짠맛과 어우러진 감칠맛이 가득하니 특별할 만하다.

뒤마의 샐러드를 만들어보지는 않았지만 안초비와 달걀을 보니 시저샐러드와 비슷한 맛이 상상된다. 내가 즐겨 만드는 그릭 요거트를 사용한 유사 시저샐러드와도 비슷한 점이 있다. 나의 드레싱 레시피는 그릭 요거트, 올리브오일, 디종 머스터드, 케이퍼, 안초비 필레나 페이스트, 레몬즙, 파르메산 치즈, 다진 마늘을 넣고 핸드블렌더로 갈면 된다. 간장 대신 파르메산 치즈, 오이 피클 대신 케이퍼 피클을 사용하는 셈. 뒤마에게는 없었던 핸드블렌더 덕분에 내 드레싱은 부드러운 크림 같은 질감이 된다.

샐러드,
짠맛과 단맛과 신맛의 미묘한 균형

성명훈

최초의 샐러드드레싱은 소금

샐러드의 주재료인 채소는 다른 음식 재료들에 비해 쓴맛이 많은 편이다. 전 세계적으로 식용 식물은 4,000여 종에 이른다고 하는데,[9] 많은 식물이 자신을 보호하기 위해 잎이나 줄기에 동물들이 싫어하는 알칼로이드 같은 쓴맛 물질을 저장한다. 이런 쓴맛 물질은 심지어 독성을 가지기도 한다. 거의 모든 식물이 자기방어 목적으로 이런 화학적 방어체계를 진화시켰지만, 인간은 이를 무력화했다. 지금 우리가 흔히 먹는 채소는 오랜 기간 개량되어 심지어 단맛이 나는 것이 많다.

아무튼 대부분의 채소는 많든 적든 쓴맛을 가지고 있다. 일본 만화 〈맛의 달인〉에 보면 "채소를 생으로 먹는 것은 기본적으로 인간의 입에 잘 맞지 않기 때문에, 이를 맛있게 먹기 위한 궁리가 샐러드를 발전시킨 게 아닐까"라는 대사가 나온다. 기본적으로 사람은 단맛을 선호하고 쓴맛을 멀리하도록 진화, 적응해왔다. 단맛은 대체로 칼로리가 높고, 적은 양으로도 빨리 높은 칼로리를 낼 수 있는 효율적인 맛이어서 지극히 선호되지만, 쓴맛은 대체로 독성 성분이 있음을 알리기 때문에 대부분의 사람이 태생적으로 혐오하는 맛이다.

샐러드는 여러 가지 채소에 다양한 드레싱을 추가해 독특한 맛을 낸다. 그런데 모든 드레싱에는 공통으로 소금이 들어간다. 채소에 소금을 넣기 시작한 것은 더 먹기 좋고 맛있게 하기 위해서지만, 실은 우리 몸에 가장 필요한 전해질인 나트륨을 공급하는 것이 바로 소금이다.

동물은 생존을 위한 모든 생리작용에 소금, 즉 나트륨이 필요하다. 세포활동과 신경활동에 나트륨이 필요한데, 이는 오줌이나 땀으로 배설되기 때문에 끊임없이 보충해야 한다. 하지만 식물에는 이 나트륨 성분이 매우 적다. 풀만 먹는 초식동물들은 나트륨 부족에 빠지기 쉽다. 채식주의자들도 순수하게 채소만 먹으면 몸에 필요한 나트륨을 제대로 얻을 수 없다. 별도로 소금을 보충해야 한다. 샐러드로 된 채소에 별다른 드레싱을 하지 않더라도 소금은 꼭 넣어야 한다.

또, 샐러드드레싱의 소금은 쓴맛을 중화시킨다. 이렇게 소금은 몸에서 필수적으로 요구하는 전해질을 공급하면서, 음식에 존재하는 불쾌한 쓴맛을 약화하는 중요한 역할도 한다. 음식의 다른 좋은 맛을 더욱 돋보이게 하기도 한다. 자몽에 소금을 아주 약간 뿌려서 맛을 보시라. 쓴맛이 약해질 뿐 아니라 그냥 먹을 때는 잘 느껴지지 않던 단맛도 살짝 난다.

샐러드드레싱의 소금은 우리 몸에 필요한 원소를 제공하면서, 오케스트라의 지휘자처럼 맛을 조화시킨다. 다양한 채소의 쓴맛을 줄이고 각각이 가진 좋은 맛을 끌어내 바람직한 맛의 화합을 만들어낸다.

맛있는 음식은 짠 음식이다?

모든 맛의 기본이 짠맛이고, 모든 요리의 기본이 소금이라고 말할 수 있다. 음식은 적절하게 간이 맞아야 맛이 존재하기 시작하고 대부분 짠맛의 세기가 음식 맛을 지배한다. '분자 요리'라는 개념을 이끈 스페인의 유명 셰프 페란 아드리아Ferran Adria도 "요리의 맛을 바꾸는 것은 분자 요리 기술이 아니라 소금"이라고 강조했다. 우리나라 요리연구가이자 작가인 박찬일 셰프 또한 "맛에는 짠맛이 있고 '그 밖의 맛'이 있다"고 말한다. 이렇게 짠맛, 나트륨의 맛이 음식 맛의 향방을 좌우할 정도로 평가되는 이유가 나트륨이 우리 몸에 없어서는 안 될 결정적 요소이기 때문일지도 모른다.

신체의 생리작용을 위해서는 소금이 필요한데, 짠맛을 통해 소금 성분의 유무를 가늠할 수 있고, 또 소금에서 필요한 전해질을 섭취하도록 음식물에서 더 좋은 맛을 느낄 수도 있다. 그런데 짠맛이 살짝 있으면 음식 맛이 좋아지고 다른 맛도 상승시키지만, 소금이 너무 많이 들어가면 맛이 없어지고, 먹기 힘들게 되고, 이를 거부하게도 된다. 몸 안에 나트륨의 정교한 균형이 필요하다는 것을 입맛에서부터 본능적으로 아는 것이다.

소금은 짠맛을 줄 뿐만 아니라, 단맛이 나는 음식에 살짝 더해져서 더 달게 느끼게도 하고, 흔히 거부감이 있는 쓴맛을 잘 느끼지 못하게 마스킹해서 플레이버를 더 해주기도 한다.[10]

한마디로 소금은 모든 것을 더 맛있게 만들어준다고 말할 수 있다. 최근 인기가 많은 소금빵은 빵 위에 살짝 소금을 뿌린 것인데, 먹어보면 빵이 주는 단맛과 감칠맛 위에 소금이 짠맛보다 단맛을 더해주는 느낌이다. 캐러멜 과자 위에 소금을 뿌린 상품도 마찬가지다.

이처럼 소금을 자세히 느껴보면, 매우 낮은 농도에서는 미미하지만 단맛도 있다. 짠맛을 느낄 수 있는 역치는 식염의 경우 약 0.075% 정도다. 이 이하의 매우 낮은 농도의 소금 용액에서는 약간 단맛도 있지만, 농도가 높아지면 짠맛이 강해지고 단맛을 점점 느낄 수 없게 된다. 그리고 농도가 매우 높아지면 불쾌감과 거부감도 느끼게 된다. 그런데 소금의 대체재로 사용되기도 하는 염화칼륨은 낮은 농도에서 단맛, 쓴맛, 짠맛이 함께 느껴지다가 농도가 어느 정도 높아지면 쓴맛이 나고, 여기서 농도가 더 높아지면 쓴맛은 줄고 짠맛이 상승한다.[11]

이 현상을 실험으로 확인한 것이 지금으로부터 40여 년 전인데, 아리스토텔레스Aristoteles는 일찍이 2,500여 년 전에도 단맛과 쓴맛이 짠맛과 신맛에 의해 변화한다고 말했다.[12] 그는 미각만으로 이런 기전을 느꼈던 것일까? 최근 연구에서 소금이 단맛을 더 강하게 하는 현상이 콩팥이나 내장에서 포도당과 나트륨을 동시에 전달하는 역할을 하는 SGLT1이라는 단백질이 단맛수용체 세포에도 존재하기 때문이라는 것이 발견되었다.[13]

우리는 단맛, 신맛, 짠맛, 쓴맛, 감칠맛의 오미 중에서 단맛과 감칠맛은 좋아하고, 쓴맛과 신맛은 싫어하는 반응을 태생적으로 보인다. 갓난 아기들이 이런 맛에 보이는 반응을 보면 잘 알 수 있다. 그런데 짠맛은 독특하다. 낮은 농도와 적당한 농도에서는 좋은 느낌을 주지만, 소금의 농도가 올라가면 강한 혐오감을 느낀다. 2013년 미국 컬럼비아 대학 찰스 주커Charles Zucker 교수의 연구팀은 소금이 저농도와 적당한 농도에서는 짠맛수용체를 통해 감지되다가, 소금의 농도가 높아지면서 혐오감을 주는 쓴맛과 신맛수용체가 동원되고 거부감을 만들어 내는 기전을 밝혔다. 이것은 생리학적으로 매우 중요한 의미가 있다. 나트륨은 몸에 반드시 필요한 원소지만, 과도하게 흡수되면 심각한 신체 이상을 가져올 수 있다. 소금이 농도에 따라 맛있다가 역겨워지는 현상은 우리 몸이 이런 위험을 방지하기 위해 맛을 느끼는 수용체 수준에서도 적절한 소금 섭취를 유지하도록 진화된 것을 보여준다.[14]

그리고 같은 음식도 온도에 따라 짠맛이 다르게 느껴진다. 음식의 온도가 낮으면 짠맛을 느끼는 역치가 낮아져서 같은 농도의 소금기도 더 짜게 느껴진다. 식은 된장찌개가 더 짜게 느껴지는 것처럼 말이다. 간이 적당하다고 느껴지던 국물의 양이 졸아들고 식으면, 불쾌한 짠맛의 정보를 전달하는 쓴맛과 신맛의 경로들이 같이 활성화되어서 이를 거부하게 된다. 하지만 많은 국물 음식이 뜨거운 상태로 우리 식탁에 오르는데, 높은 온도에서는 짠맛의 역치가 높아서 나트륨 함량이 높아도 입맛에 크게 거슬리지 않는다. 뜨거운 국물 맛이 좋다면, 소금을 과하게 섭취하는 것은 아닌지 의심해볼 만하다.

인간은 음식을 먹을 때 기대한 맛에 접근하면 만족하고 식욕이 인다. 대부분 맛있는 음식은 약간 짠 기운이 있고, 또 단맛을 가지고 있다. 적당히 짜고 달면 맛있다. 미식을 논하면서 '단짠단짠'이라는 표현이 강조되는 것이 매우 자연스럽다. 소금은 가장 중요한 조미료다. 모든 식품은 짠맛과 섞여서 음식 고유의 맛을 나타내며 강조된다. 음식이 맛있다, 맛없다는 것을 소금의 양이 크게 좌우하는 것이다.

우리가 먹는 소금 제품의 나트륨 농도는 제품마다 조금씩 다르다. 정제염은 99% 이상이 염화나트륨으로 짠맛만을 가지고 있으나, 천일염의 경우 염화나트륨이 80~85%이고, 칼슘, 마그네슘, 칼륨 등도 함유하고 있어 조금 다른 맛도 준다. 기분 좋은 짠맛과 불쾌한 짠맛의 경계도 사람마다 조금씩 다르지만 대체로 소금 농도가 혈액 중 염분 농도와 비슷할 때 유쾌하게 느낀다.

짠맛과 짠맛수용체

짠맛은 소금, 즉 화학물질 염화나트륨의 존재를 느끼는 것이다. 다른 종류의 염[15]들도 짠맛을 만들지만 나트륨의 맛을 우리는 가장 강하게 느낀다. 우리 몸은 생존하기 위해서 적절한 소금기의 균형이 필요하다. 우리의 체액이나 양수의 성분 비율이 바닷물과 비슷하니, 사람의 몸도 대부분이 물과 소금이라고 말할 수 있다. 식물들은 흙 속에 많은 칼륨이 절대적으로 필요하다면, 동물들은 나트륨, 즉 소금이 없으면 살 수 없다.

우리 몸에서 나트륨이 세포벽 이동에 따라 신경세포에서 활동전위가 만들어지듯이, 몸 속 모든 세포와 장기는 나트륨에 의해 살아서 작동한다. 땀을 많이 흘리는 격렬한 운동을 할 때 팔다리에 쥐가 나는 이유도 그와 관련이 있다. 몸 안에 있는 수분과 전해질이 땀을 통해 배출되는데, 이때 전해질이 포함되지 않은 '맹물'만 과도하게 섭취하게 되면, 체액 속 나트륨 농도는 낮아지고 신경 신호 전달에 이상이 생기면서 근육 경련이 일어나는 것이다.

이처럼 나트륨은 인체에 꼭 필요한 필수 무기질이다. 육식을 하면 고기를 통해서 자연스럽게 소금기를 섭취할 수 있지만, 순수하게 채식만 한다면 나트륨 섭취가 부족할 수도 있다. 초식동물들은 식물에 충분하지 않은 염분을 찾기 위해서 필사적인 노력을 한다. 우리가 먹는 쌀, 밀, 감자, 고구마, 과일 및 채소는 소금 함유량이 매우 낮다. 그래서 소금을 첨가해 간을 맞추면 맛이 좋아지고 영양학적 균형도 맞춰진다.

세포는 세포막을 사이에 두고 외부, 내부가 구분되어 있어 살아가는 데 필요한 물과 영양분을 공급받고, 또 대사물질을 배출한다. 많은 물질이 세포막을 통해서 오간다. 세포막은 막혀 있는 벽이 아니라 물질을 거르는 일종의 체 같은 것이다. 모든 생물체는 물, 그것도 각종 이온이 포함된(염분이 포함된) 용액에서 시작되었다. 세포막은 얼마나 많은 나트륨과 칼륨이 세포막 안팎에 위치하는가에 따라 물의 흐름을 조절한다. 우리 몸은 콩팥을 통해서 몸 안의 소금 양을 조절한다. 이 시스템은 매우 정교하고 효율적이어서, 우리가 필요한 소금보다 더 많이 섭취하면, 과도한 소금을 배출해서 체내 균형을 유지한다. 하지만 그렇게 조절할 수 있는 수준 이상으로 소금 섭취가 많으면, 이 균형이 깨지고 건강에 문제가 된다.

입안의 미각세포에는 맛을 감지하는 수용체가 있다. 단맛, 쓴맛, 감칠맛을 느끼는 미각수용체는 맛 물질과 결합해서 세포 밖에서부터 세포막을 관통해서 세포 안으로 신호를 전달하는 형태를 가진 수용체 그룹인데, 이를 G단백결합수용체G protein-coupled receptor(GPCR)라고 부른다. 이와 달리 짠맛과 신맛을 느끼는 수용체는 이온 통로형 수용체다.

짠맛은 가장 흔하게 나트륨 이온이 존재할 때 발생한다. 다른 알칼리성 원소들도 짠맛을 내지만, 나트륨에 비해서는 훨씬 덜 짜다. 미각세포에는 나트륨을 감지하고 이동시키는 통로가 있어, 염이 물에서 분해된 양이온들, 특히 나트륨이 세포막에 있는 나트륨통로를 통해 세포 안으로 들어오는 것을 감지하면서 활동전위를 일으키고, 나트륨이 존재한다는 화학 신호를 짠맛이 존재한다는 전기 신호로 전환한다. 나트륨 양이온이 미뢰의 짠맛을 감지하는 세포벽에 있는 상피세포나트륨통로를 통해 세포 안으로 들어오면, 이것이 세포막을 탈분극시키고 전위차에 따른 칼슘 통로를 개방해 세포 내에 양전하를 띤 칼슘 이온을 높이면, 이어서 신경전달물질이 분비되고, 이 신호가 다음 신경섬유로 연결되어 이를 타고 뇌로 전해진다.

맛을 감지하는 수용체는 혀 위와 입안 점막에 넓게 퍼져 있다. 혀 위의 미각수용체로부터 감지된 신호는 양쪽의 안면신경, 설하신경 등을 통해서 뇌로 전달된다. 입천장에도 미뢰가 있고 안면신경의 가지가 연결되어 있다. 소금물을 손가락에 묻혀서 입천장 앞쪽으로부터 천천히 뒤쪽으로 움직여보시라. 중간쯤에 갑자기 짠맛이 느껴질 것이다. 이곳이 미뢰가 많이 분포되어 있고, 안면신경이 연결되어 있는 곳이다.

그런데 이 나트륨통로는 혀와 입안에만 있는 것이 아니다. 동일한 기능의 나트륨통로가 콩팥에서 나트륨을 다시 회수하는 기능을 하는 수집세관을 비롯해서, 폐, 대장, 피부, 남녀의 생식기관에도 있다. 이러한 수용체들은 우리 몸의 다른 여러 곳에서 나트륨의 흡수 또는 재흡수를 담당함으로써 체액의 양을 조절하는 중요한 기능을 한다. 그래서 콩팥에서 나트륨 조절이 잘못되어 나트륨이 몸에 많아지게 되면 고혈압이 발생할 수 있다. 이런 나트륨통로는 온몸에 있지만, 혀와 입안 점막에서는 짠맛을 느끼는 미각수용체 역할을 한다.

왜 샐러드드레싱은 새콤해야 할까?

샐러드드레싱에서 짠맛 외에 또 하나의 필수 요소는 입안에 침이 고이게 하는 새콤한 맛이다. 신맛의 역할은 생물학적으로 짠맛보다 중요할 수 있다. 침이 없으면 맛 자체를 느끼기 어렵기 때문이다. 샐러드를 식전에 또는 식사와 함께 곁들여 먹는 이유가 바로 이것이다. 알렉상드르 뒤마가 샐러드에 사용하는 식초로 최상품을 고집했던 것은 이런 신맛의 중요성을 알았기 때문이리라. 우리가 맛을 느끼는 것은 맛 물질이 입안에서 침에 섞이고 녹아서 미뢰에 있는 미각세포의 표면에 있는 미각수용체와 결합함으로써 시작된다. 우리가 먹은 음식물이 입안에서 씹히고, 갈리고, 침에 녹아 혀와 입안 점막에 퍼져 있는 미뢰를 자극해야 한다.

침이 없으면 입안에서 음식물을 부드럽게 씹지 못하고 이리저리 굴리지 못한다. 침이 없으면 삼키기도 어렵다. 입안에 생긴 구강암과 같은 악성 종양으로 방사선 치료를 받으면 침샘이 같이 파괴되어 침 분비가 매우 부족하게 된다. 쇠그렌증후군 Sjögren syndrome이라는 일종의 자가면역질환으로 구강 건조 현상을 겪는 경우도 있다. 이 병은 중년 이후의 여성들에서 흔한데, 침샘의 염증으로 침 분비가 줄어 구강 점막이 심하게 건조해진다. 불편한 정도가 아니라 상당히 고통스럽다. 침은 입안의 산성도도 조절한다. 침 분비가 원활하지 않은 사람은 충치가 생길 위험도 높다. 땀을 많이 흘리거나 갑자기 긴장해서 입안이 바짝 마른 상태를 경험해보았을 것이다. 그런 상태가 계속된다고 상상해보시라. 음식을 앞에 놓고 입안에 군침이 돈다는 것은 이렇게 중요하다. 침에 음식물이 잘 녹아서 미뢰에 있는 미각세포까지 전달되어야 맛이 느껴질뿐더러, 이 침의 성분과 양이 느껴지는 맛에 영향을 미치기도 한다.

우리가 짠맛을 가장 민감하게 느끼는 것은 소금의 주성분인 나트륨 이온 때문이다. 모든 염은 이온 통로를 통하면서 맛을 줄 수 있지만, 나트륨이 짠맛을 주는 데 가장 강하다. 우리가 만들어 내는 침 속의 주 전해질 성분은 나트륨과 칼륨이다. 정상적인 경우 혈액의 혈장 속에는 나트륨이 140 mmol/L 정도로 있는데, 침 속 나트륨 농도는 보통 2~21mmol/L로 혈장보다 낮다. 우리가 입안의 음식에서 짠맛을 느끼는 것은 침에 녹은 음식물이 제공하는 나트륨 농도가 침 속 나트륨 농도보다 높을 때다. 자신의 피가 입안에서 살짝 짜게 느껴지는 것도 이 때문이다. 혈장과 같은 0.9% 농도의 생리식염수도 약간 짠맛이 난다. 그런데 우리 입안을 적시는 침 속 나트륨 농도는 때에 따라 변한다. 침샘에서 침을 생산할 때 혈액에서 빠져나간 나트륨을 재흡수하기 때문에, 침 속 나트륨 농도가 혈액을 구성하는 액체 성분인 혈장보다 낮다. 침 생산 속도가 빨라지면, 나트륨 재흡수가 줄어들어 침으로 나오는 나트륨이 칼륨에 비해 상대적으로 많아진다. 그래서 같은 농도의 소금기가 제공하는 짠맛도 식사를 시작했을 때는 살짝 짜게 느껴지다가 식사가 진행되면서 침 속의 나트륨 농도가 높아지면 덜 짜게 느껴진다.[16]

이미 모든 사람이 자연스럽게 느낄 수도 있겠지만, 정밀한 연구 관찰을 통해서도 다섯 가지 기본 미각 중에서 신맛이 침 생산과 분비를 가장 강하게 자극하는 것으로 나타났다.[17] 연구자들은 감칠맛(MSG), 짠맛(소금), 단맛(설탕), 쓴맛(황화마그네슘), 신맛(구연산)을 이용해서 실험 참가자들의 미각을 자극하고 귀밑샘(이하선)으로부터 나오는 침 분비량을 측정했다. 침 분비를 자극하는 강도는 구연산, MSG, 소금, 설탕, 황화마그네슘의 순서로 나타났다. 침 분비는 신맛이 가장 강하고, 쓴맛이 약하다는 것이다. 특히나 MSG의 성분인 글루탐산과 나트륨이 모두 침 분비 자극에 역할을 하는 것으로 보였다.

침이 하루에 분비되는 양은 놀랍게도 대략 1.5리터로 추산된다. 큰 페트 병 하나의 양이다. 침은 음식을 씹고 맛보는 과정에서부터 음식물 섭취와 소화에 역할을 한다. 침은 음식물이 잘 섞이게 하고, 씹고 삼키고 말하는 중에 입안 점막에 상처가 나지 않도록 윤활 작용을 한다. 맛을 주는 물질을 녹여 이들이 미뢰에 잘 전달되도록 한다. 침이 없으면, 음식 맛을 잘 느끼지 못할 뿐 아니라, 이상하고 나쁜 맛을 느끼게 된다. 그리고 침에는 프티알린, 리파제 등의 소화 효소가 있어 입안에서부터 녹말과 지방을 분해하기 시작한다. 또한 침 속에는 상피성장인자 epithelial growth factor(EGF)와 같은 중요한 펩타이드[18] 가 있다. 이들은 구강 점막, 위 점막이 튼튼하게 유지되도록 하는 중요한 기능을 한다.[19] 침에서 EGF 등을 발견한 공로로 1986년 스탠리 코언Stanley Cohen과 리타-레비 몬탈치니Rita-Levi Montalcini가 노벨생리의학상을 받았다.

우리가 느끼는 맛은 입안의 미각세포가 있는 말초기관의 맛 자극에 대한 민감도에 따라 차이가 있고, 중추 즉 뇌에서 들어오는 맛 신호를 처리하는 방식에 좌우될 수도 있다. 머릿속으로 음식을 상상할 때, 신맛이 나는 음식을 생각하는 것만으로도 입안에 침이 살짝 고이는 것을 느낄 수 있다. 침은 우리가 맛을 느끼는 데 결정적인, 맛의 전달자다. 이렇게 신맛을 잘 버무리는 것이 전채로서 좋은 샐러드일 것이다.

여러 코스로 나오는 많은 음식을 소화하고 즐기려면 새콤한 맛의 샐러드는 어쩌면 필수일 것이다. 시대와 나라에 따라 정찬에 샐러드를 내는 순서가 조금씩 다른데, 주요리 전의 샐러드는 식욕을 돋우는 역할을 하고, 주요리 후에 내는 샐러드는 소화를 돕는 역할을 한다. 프랑스식 정찬에서는 샐러드를 주요리 후 디저트 전에 내는데, 소화를 돕고 디저트를 위해 새로이 식욕을 돋우기 위함이다. 물론 한 끼 식사로 즐기는 오늘날의 샐러드에서 새콤한 맛도 같은 이유로 중요하다.

감칠맛에서 아름다운 맛으로

정소영

사골육수, 모두의 힐링 푸드

일제강점기부터 1980년대까지 역사의 소용돌이를 관통하며 펼쳐지는 4대에 걸친 방대한 가족사를 그린 이민진의 소설 『파친코*Pachinko*』.[1] 이 작품에서 주인공 경희와 선자가 정육점에 가서 고기를 사는 장면이 인상 깊었다. 한국인들에게는 취업 기회조차 주어지지 않던 일본에서 어렵게 생계를 이어가는 경희는 임신한 동서 선자를 위해 고깃국을 끓이고 싶지만, 돈이 부족해 소뼈만 사기로 한다. 뼈만 달라고 하니, 정육점 주인인 일본인 다나카는 "육수를 만들려고요?"라고 당장 알아차리고 어떤 종류인지 묻는다. 그리고 경희가 "설렁탕"이라고 하자, 어떻게 만드는지 묻는다.

"우선, 뼈를 물에 잘 씻어야 해요. 그런 다음 뼈를 물에 넣고 끓인 후 그 물은 버립니다. 불순물과 피를 제거하기 위해서죠. 그리고 뼈를 다시 깨끗한 찬물에 넣어 아주 오랫동안 끓여요. 육수가 두부처럼 하얗게 될 때까지요. 그다음에 무와 썬 파와 소금을 넣죠. 아주 맛있고 건강에도 좋답니다."[2]

평소에는 일본인들과 말도 잘 섞지 않는 경희가 일본인에게 한국식 설렁탕을 만드는 법을 설명하는 여유 있는 모습에서 '너희가 그 맛을 알 리가 없지' 하는 자신감이 느껴진다. 이 소설 속에서 한국인이 일본인과 대면하여 이토록 여유 있게 대화하는 모습은 드물다. 설렁탕은 그녀가 한국인으로서의 정체성과 주체의식을 확인하는 매개이다. 그에 대해 말하는 것만으로도 이미 고향의 설렁탕을 한 그릇 먹은 듯 마음의 위안을 받았으리라는 생각이 든다.

넉넉지 못한 살림이라, 임신한 선자를 위해 해줄 수 있는 최선의 음식은 사골을 고아주는 것이다. 경희가 만들 설렁탕은 고기도 없고 소면이나 흰쌀밥도 곁들이지 못할 터이니 엄격히 말하자면 설렁탕이라기보다는 사골육수라고 할 수 있다. 돈이 없어서 뼈만 고아서 만든 국물이니 말이다. 그러나 그들에게는 그 자체로 훌륭한 힐링 푸드다.

어느 문화권에서든지 동물의 뼈와 여러 가지 부속물을 고아 낸 국물은 고기 대신 가난한 사람들의 배와 영양분을 채워주는 힐링 푸드로 여겨졌다. 예를 들면 19세기 프랑스 파리에도 우리나라의 장터 국밥집과 같은 식당이 생겼다. 1855년 파리에서 정육점을 운영하던 피에르 루이스 뒤발Pierre-Louis Duval이 팔고 남은 고기와 뼈 등을 고아 만든 육수에 큼지막한 고기 한 조각을 넣어 시장에서 팔기 시작했다.[3] 근처에서 일하는 노동자들을 위한 값싸고 영양가 있으면서 푸짐한 음식이었다. 이곳을 시작으로 비슷한 음식점들이 파리 전역에 많이 생겼고 이 음식을 '부용bouillon'이라 부르기 시작했는데, 부용이란 곧 고기와 뼈를 고아 만든 육수를 의미하는 프랑스 단어다.

그런데 가난한 사람들의 음식이었던 사골육수가 요즘 셀럽들 사이에서 가장 인기 있는 건강식 중 하나로 그 지위가 변했다. 몇 년 전부터 사골육수—소뿐 아니라 돼지나 닭의 뼈도 포함—가 건강을 지키는 영약으로 주목받고 있다. 많은 유명인이 SNS나 매체를 통해 '본 브로스bone broth 다이어트'를 통해 건강을 유지한다고 말한다. 본 브로스는 뼈를 고아낸 국물, 즉 사골육수를 의미한다. 브로스는 그 자체로는 요리 자격이 없다. 어떤 요리의 재료로 사용되는 육수를 일컫는 말로 스톡과 같은 뜻이다. 이를 기본으로 조리를 거쳐 수프나 스튜가 된다. 우리도 요리 재료로 사용할 때는 육수라 부르고, 완성된 요리는 탕, 국, 찌개라고 한다. 설렁탕뿐 아니라 갈비탕, 곰탕, 감자탕, 뼈해장국 등 육수를 이용한 다양한 요리를 생각해보라. 일본의 돈코쓰라멘, 베트남 쌀국수 포, 태국의 갈비쌀국수 꾸에띠아오느아, 말레이시아와 싱가포르에서 흔하게 먹을 수 있는 돼지갈비탕 바쿠테, 프랑스의 포토푀 등도 모두 소나 돼지, 닭의 고기를 고아낸 육수를 기본으로 하는 요리다.

그런데 최근 유행하는 것은 육수 그 자체, 브로스다. 아침에 커피 대신 마신다는 사람도 있고 강황이나 생강, 레몬 등을 넣어 플레이버를 더해 차처럼 마신다는 사람도 있다. 설렁탕, 곰탕, 삼계탕에서 국물만 마시는 격이다. 사골육수 예찬론자들은 사골육수에 필수 아미노산, 히알루론산, 글리신, 글루탐산, 콜라겐 등이 풍부하게 들어 있어서 피부를 건강하게 하고 염증을 낮게 해준다고 말한다. 미국 농구 선수 코비 브라이언트는 경기 전에 꼭 사골육수를 마셨다고 알려졌다. 얼마 전에는 미국

배우 기네스 펠트로의 사골육수 다이어트가 화제가 되기도 했다. 그녀의 겨울철 해독 식단에 사골육수가 포함되어 있다고. 그녀는 SNS를 통해 사골육수 다이어트 덕분에 코로나로 인해 신진대사 이상을 겪었던 몸 상태를 회복할 수 있었다고 밝히기도 했다. 그러니 요즘의 관점에서 보자면 경희는 엄청나게 시대를 앞서간 셈이다. 그녀가 만든 고기와 면이 빠진 설렁탕은 최선일 뿐 아니라 최고의 선택이다. 게다가 집에서 정성을 들여 직접 만든 사골육수 아닌가.

2015년 뉴욕에 문을 연 한 사골육수 전문점은 사골육수를 두고 "세계 최초의 컴포트 푸드"라는 슬로건을 내걸었다. 수렵과 채집을 통해서만 먹을 것을 조달했던 인류의 조상들이 불을 사용하면서 영양가가 풍부한 동물의 뼈를 그냥 버렸을 리는 없을 테니 과장은 아닌 듯하다.

또 바로 이런 점에서 사골육수는 팔레오Paleo 다이어트의 일종으로 더욱더 주목을 받고 있다. 팔레오 다이어트, 우리말로 하자면 원시인 식단의 목적은 구석기시대paleolithic 인류의 식단으로 되돌아가는 것이다. 구석기시대 먹거리는 수렵과 채집을 통해 얻을 수 있는 것들이었다. 기름기 없는 고기, 생선, 과일, 채소, 견과류와 씨앗류 등이다. 그래서 팔레오 다이어트는 1만 년 전 농업의 발달로 얻게 된 유제품, 콩, 곡식 같은 먹거리들을 배제한다. 인간의 몸은 농업의 발달 이후 생겨난 현대사회의 식습관과는 유전적으로 맞지 않는다는 것이 팔레오 다이어트의 기본 논리다. 농업은 유제품, 곡식, 콩을 일상적인 식재료로 활용하도록 인류의 식습관을 바꾸었는데, 이 변화가 너무 급속도로 진행되는 바람에 인간의 몸이 적응할 시간이 없었다는 것. 비만과 당뇨, 심장병의 원인이 바로 이런 요소에 기인한다고 설명한다.

육수는 요리의 전부!

사골육수 다이어트의 인기와 함께 인터넷에는 집에서 사골육수를 만드는 방법이 많이 올라와 있고, 집에서 만든 것처럼 첨가물 없이 만든다는 전문점 사골육수도 판매되고 있다. 사실 그전부터 국과 탕 요리가 많은 우리나라에서는 간편하게 포장된 사골육수가 시판되고 있으며, 칼국수 식당이나 설렁탕 식당에서 육수만 팔기도 한다. 그런데 세계에서 가장 유명한 사골육수 레시피는 프랑스 현대요리의 창시자로 일컬어지는 전설적인 셰프 오귀스트 에스코피에의 레시피일 것이다.

에스코피에는 사골육수를 모든 요리의 기본으로 정립하고 공식화했다. 1903년에 출간된 책 『요리 지침서 Le Guide Culinaire』[4]의 첫 번째 장에서 그는 동물과 가금류의 뼈에서 플레이버를 추출하는 것의 중요성에 관해 설명한다.

"육수는 요리의 전부다. 육수 없이는 아무것도 할 수 없다.

육수가 좋다면 요리의 나머지는 쉽다. 육수가 좋지 않거나 그저 그렇다면 만족스러운 식사를 준비하리라는 희망은 없다고 보아야 한다."⁽⁵⁾

　그는 다른 요리사들이 쓸모없다고 버리는 소 심줄과 꼬리, 셀러리 꼭지, 양파의 끝부분, 울퉁불퉁하다고 쳐낸 당근 조각 등을 모두 모아 환상적인 육수를 만들어냈다. 『요리 지침서』의 첫 번째 장에는 여러 요리에 활용하는 다양한 육수를 만드는 레시피가 소개되어 있다. 그중 가장 유명한, '에스투파드 Estouffade'라고 이름 붙인 브라운 스톡 레시피를 보자. 소와 송아지의 정강이뼈에서 살을 발라내고 뼈를 잘게 자른 후 오븐에서 굽는다. 구운 뼈를 버터에 볶은 당근과 양파와 함께 냄비에 넣고 찬물을 붓고 끓이는데, 여기에 약간의 돼지비계를 더하고, 파슬리, 타임, 월계수 잎, 마늘을 넣어 만든 부케가르니(향신료 다발)도 넣는다. 끓기 시작하면 떠오르는 거품과 노폐물을 제거하고 냄비의 가장자리를 깨끗이 닦는다. 그리고 무려 12시간 동안 약한 불에서 끓인다. 중간중간 물을 보충해 물의 양을 일정하게 유지한다. 뼈에서 발라낸 살점들을 뜨겁게 달군 소스 팬에 갈색이 날 때까지 볶는다. 여기에 끓여둔 육수를 반 파인트(284ml) 정도 붓고 팬 바닥에 눌어붙은 고기 조각들을 뒤집으며 육수가 거의 없어질 때까지 졸인다. 그리고 남은 육수를 모두 부어 뭉근히 끓인다. 위에 뜨는 기름을 모두 제거하고 충분히 끓인 육수를 촘촘한 체에 받쳐 걸러낸다. 하루가 꼬박 걸려 드디어 스톡이 완성된다.

에스코피에의 브라운 스톡에는 단맛, 짠맛, 쓴맛, 신맛 중 특별히 첨가된 것이 없다. 이 스톡의 핵심은 감칠맛이다. 뼈와 고기와 채소를 끓이는 과정 외에 굽는 과정을 더했는데, 열에 의해 갈변화되는 마이야르 반응Maillard reaction을 통해 감칠맛을 극대화한 것이다. 그래서 이 스톡은 감칠맛 용액과 다름없다. 에스코피에는 이 스톡을 숟가락을 담그면 그 뒷면에 막을 입히듯이 묻어날 정도의 상태로 졸여 '글레이즈'를 만들어 크림이나 버터를 넣어 다양한 소스를 만드는 데 사용했다.

원조 가스파초를 찾아서

고기와 뼈의 감칠맛이 아닌 토마토의 감칠맛을 기본으로 한 수프도 있다. TV 예능 프로그램 중 백종원을 중심으로 연예인들이 출연해 지역 농·수·축산물을 이용한 메뉴를 개발해 휴게소나 철도역 등에서 판매하고 가정에서도 따라 할 수 있는 요리 레시피를 소개하는 〈맛남의 광장〉이 흥미로웠다. 정읍산 토마토를 주제로 구성된 에피소드에서 출연자들은 토마토라면, 토마토살사 등 다양한 요리를 선보이는데, 한 출연자가 다소 생소해 보이는 가스파초를 만든다. 토마토, 오이, 파프리카, 양파를 적당한 크기로 자른 것과 통마늘, 소금, 설탕, 올리브오일,

후추, 레몬즙, 물을 모두 블렌더에 넣고 곱게 간다. 그릇에 담은 후 파프리카를 잘게 썰어 고명으로 얹어주면 완성이다. 스페인식 냉수프라고 설명한다.

이 프로그램에 가스파초가 소개되기 전에 《조선일보》의 김성윤 음식전문기자가 '공복 김선생'이라는 칼럼에서 가스파초에 대해 썼다.[6] 스페인에는 집집마다 가스파초 레시피가 있다고 설명하며, 특별히 유명한 스페인 셰프 페란 아드리아의 레시피를 소개했다. 다른 재료는 같지만, 그의 레시피에는 유럽식 시골빵의 흰 부분이 들어가고 셰리 식초와 마요네즈가 한 스푼 들어간다. 그리고 마늘을 그냥 사용하지 않고 찬물에 담가 가열해 물이 끓기 시작하면 바로 건져 얼음물에 식히는 과정을 두 번 되풀이한 후 사용한다.

그런데 스페인 국민음식으로 알려진 가스파초의 원조국이 스페인이 아닐 수 있다는 것을 오래전에 깨달은 사람이 있다. 앨리스 B. 토클라스Alice B. Toklas다. 토클라스는 현대예술의 대모라고 불리는 미국 작가 거트루드 스타인Gertrude Stein의 연인이었다. 거트루드 스타인은 파리에 살면서 피카소Pablo Picasso, 세잔Paul Cezanne, 헤밍웨이Ernest Miller Hemingway 등의 경제적 후견인 역할을 했을 뿐 아니라 예술가와 문인들이 열정을 소통할 수 있는 장을 제공했다. 그녀의 아파트에서는 예술가들의 새로운 작품이 전시되고 신곡이 연주되었다. 이곳의 모임에는 맛있는 음식과 술도 빠지지 않았는데, 앨리스는 이 풍요로운 만찬의 책임자였다. 그녀가 후에 쓴 『앨리스 B. 토클라스 요리책*The Alice B. Toklas Cookbook*』[7]은 단순한 요리책이 아닌 자서전이자 거트루드 스타인의 목소리로 알려졌던 당시 파리 예술가들의 삶을 새로운 눈으로 보게 해주는 역사적 기록이다.

이 요리책을 가장한 자서전에 실린 「아름다운 수프Beautiful Soup」라는 글은 가스파초의 기원을 추적하는 기록이라는 말로 시작하지만 실은 '원조', '진짜'를 찾는 것의 헛됨을 보여준다. 앨리스와 거트루드는 스페인 여행 중 말라가에서 뭐라고 형용할 수 없는 맛의 가스파초 수프를 처음 맛본다. 그리고 세비야에서 완전히 다른 맛의 가스파초를 맛본 후, 무엇이 원조인지 이 수프의 레시피를 찾아 나선다. 박물관에 가기로 한 것을 미루고 오래된 커다란 서점에 가서 가스파초 레시피가 있는 요리책을 찾는다. 11권이나 되는 요리책을 뒤져보았지만, 그 어디에도 가스파초는 언급되어 있지 않았다. 그때 서점 직원이 가스파초는 스페인 농부와 미국인들만 먹는다고 말해준다. 그들은 코르도바와 세고비아에서도 저마다 맛이 다른 가스파초를 맛보지만 레시피는 찾을 수 없었다. 그렇다면 집에 가서 직접 실험해보는 수밖에.

여행에서 돌아온 어느 날, 모임에 온 한 폴란드 출신 작곡가에게 앨리스가 가스파초 레시피를 찾아 헤맨 이야기를 들려준다. 그러자 뛰어난 미식가이면서 요리사이기도 그는 폴란드식 차가운 수프인 흘오드니크Chlodnik와 비슷하다고 말한다. 그런데 조금 뒤에 도착한 튀르키예 출신 손님은 가스파초 얘기를 듣더니 튀르키예의 자즉cacik이라는 수프와 비슷하다고 바로 말한다. 그러고 보니 그리스에도 타라타tarata라는 비슷한 수프가 있다는 것을 앨리스는 떠올린다. 그리고 이 모든 수프가 각기 다른 음식이 아닐 것이라는 결론을 내린다. 전쟁 중에 폴란드군으로부터 튀르키예군들에게 레시피가 전해졌을 수도 있고 반대로 십자군들에 의해 튀르키예로부터 전해졌을 수도 있고, 또 그리스에서 시칠리아를 거쳐 스페인으로 전파되었을 수도 있다고 추측한다.

들어가는 재료는 저마다 다르지만 모든 수프에 오이가 들어가고 아주 차갑게 해서 먹는다는 공통점이 있다. 토마토를 뺀다면 이 수프들이 같은 혈통을 가지고 있다는 것이 더욱 확연히 눈에 보인다. 또한 스페인의 가스파초에서 토마토가 중요한 재료인 듯하지만, 앨리스가 맛본 코르도바 가스파초에는 토마토가 들어가지 않았다. 생각해보면 토마토는 스페인의 정복자들에 의해 16세기 초에 아스테카왕국에서 유럽으로 전해졌다고 하니 그 이전에는 스페인 가스파초에도 토마토가 들어가지 않았을 것이다. 앨리스는 스페인의 말라가, 코르도바, 세비야, 세고비아에서 맛본 각각의 가스파초를 레시피로 정리한다. 흘오드니크, 자즉, 타라라 레시피도 함께 정리한다.

앨리스가 정리한 다양한 가스파초 레시피들을 보면서 내게 떠오른 것은 톨스토이Lev Nikolayevich Tolstoy의 소설 『안나 카레니나

Anna Karenina』에서 지방 지주인 레빈이 농부들과 함께한 식사다. 농부들은 빵을 부숴서 컵에 담아 숟가락의 손잡이 부분으로 저은 다음 물을 붓는다. 빵을 좀 더 부숴서 넣은 다음 소금을 넣어서 레빈에게 권한다. 레빈은 그 소박한 음식의 맛에 감명을 받아 집에 돌아가지 않고 농부들과 머물기로 한다. 가스파초의 원형과 같은 모습이 러시아 시골에도 있는 것이다. 찾아보니 가스파초의 어원이 '젖은 빵'이라는 의미의 아랍어다.[8]

앨리스의 깨달음은 문화의 혼종성에 대해 말한 이론가들을 앞선다. 사학자 피터 버크Peter Burke는 문화 혼종화는 인간의 역사와 궤를 같이하는 자연스러운 역사적 과정이라고 말한다.[9] 모든 문화에는 혼종성이 있다. 고대 제국들은 이웃 나라를 침략해 자신들의 문화를 이식했고 르네상스 문화도 비잔틴, 유대, 이슬람 문화를 두루 포용한 하이브리드 문화라는 것이다. 에드워드 사이드Edward E. Said도 "모든 문화는 서로 관련되어" 있고 "어떤 것도 단일하거나 순수하지 않으며, 모든 것은 혼종적이고 이질적"[10]이라고 말한다. 앨리스는 그들에 앞서 '원조', '정통성'이라는 권위의 헛됨을 맛의 주체적 경험을 통해 깨달은 것이다.

드디어 미감美感을 획득한 미각味覺

앨리스는 가스파초에 관한 글에 '아름다운 수프'라는 제목을 달았다. '맛있는' 또는 '훌륭한' 대신 '아름다운'을 선택했다. 이는 칸트Immanuel Kant의 이론에 정면으로 반한다. 칸트는 미각적 경험이 기분을 좋게 할 수는 있으나 아름다울 수는 없다고 단언했다. 미각적 경험을 단순히 감각적인 것으로 한정한 것이다. 미각은 하등감각이고 미각을 통해서는 지식을 얻을 수 없으며 그와 같은 감각적 경험에 대해서는 미적인 평가가 불가능하다고 여겼다. 게다가 후각은 가장 쓸모없는 감각이라고 했다. 칸트는 미각과 후각이 지적인 분별력이 없을 뿐 아니라 즐거움을 주는 기능도 없다고 단언한다.

"즐거움을 위해 미각과 후각을 훈련하는 것은 쓸모없다. 기분 좋은 것들보다는 혐오스러운 것들이 훨씬 많기 때문이다(특히 사람이 많은 곳). 어쩌다 향기로운 것을 만났을 때도, 후각으로 느끼는 즐거움은 금방 사라지고 일시적이기 때문이다."[11]

이에 동의하는 현대 과학자들도 많다. 그들은 미각을 감각 중에서 가장 약한 기능이라 여기고, 시각을 제대로 된 지식을 습득하는 매개로 인정한다.[12]

그러나 앨리스의 가스파초에 대한 미각적 경험은 미각이 어떤 현상을 이해하고 지식을 얻는 중요한 매체가 될 수 있다는 것을 보여준다. 그녀는 맛 경험을 통해 매우 정확하고 독특한 방식으로 우리가 속한 세상에 대한 정보를 습득한다. 그뿐만 아니라 가스파초의 맛에 관한 탐구를 통해 사회학적 통찰을 얻는다.

앨리스는 여러 가지 가스파초를 맛보고 레시피를 정리했다. 가스파초를 단지 바라보는 것만으로는 할 수 없는 일이다. 그녀에게 다양한 가스파초의 맛 경험은 인지적 탐험이며, '맛'은 탐미적 경험의 대상이다. 또한 레시피로 그녀의 경험을 옮기는 것은 '맛이 주관적이고 일시적 경험이기 때문에 가치 있는 경험이 아니다'라는 전통적인 철학자들의 주장에 반한다. 그녀의 가스파초에 대한 경험은 맛 경험이 미각적 쾌락을 충족시키는 데서 끝나지 않고 다른 사람들과 논의를 통해 공유하고, 또 그 과정에서 합의와 변화를 겪으며 지속할 수 있는 것임을 증명한다.

앨리스에게 수프가 맛있는 것을 넘어서 아름다운 이유는 그 맛의 경험이 단순히 감각적 즐거움에 한정되지 않고 정신적 즐거움까지 선사하기 때문이다. 그녀가 느낀 수프의 맛은 그녀의 맛 경험의 총체—혀로 감지했던 즐거움부터 그 맛을 구성하는 다양한 재료를 찾아내서 재현하고 언어로 옮겨 사회적 공유와 지속성을 부여하는 모든 과정을 포함하는—라고 보아야 할 것이다.

제5의 미각, 감칠맛

성명훈

감칠맛, 숨겨져 있던 맛

사골육수가 아무리 몸에 좋다 해도 맛이 없었더라면 인류에게 이토록 보편적이고 지속적인 사랑을 받을 수 있었을까? 사골육수의 맛에서 단연 돋보이는 맛은 감칠맛이다. 사골육수를 사용한 요리는 그냥 물로 시작하는 것과는 차원이 다른 맛을 낸다. 아무것도 넣지 않고 사골만 넣고 끓여도 맛있다고 느끼는 그 맛, 단맛, 짠맛, 쓴맛, 신맛 중 특별히 첨가된 것이 없는데도 혀를 감싸는 듯 기분 좋은 바로 그 맛이 바로 감칠맛이다.

인류는 세계 곳곳에서 다양한 먹거리와 요리를 통해 수천 년간 감칠맛을 즐겨왔지만, 감칠맛이 단맛, 신맛, 짠맛, 쓴맛과 같은 고유의 미각으로 알려진 것은 100여 년밖에 되지 않았다.

가려져 있던 감칠맛의 정체성을 과학적으로 찾아준 사람은 일본 도쿄제국대학 화학과 교수인 이케다 기쿠나에池田菊苗다. 프랑스에서 에스코피에가 감칠맛이 농축된 육수로 모든 요리의 맛에 마법을 부리던 즈음인 1907년 어느 날, 지구 반대편에 있던 이케다는 가족과 함께 저녁식사를 하다가 그날의 국물이 다른 날보다 유난히 맛있게 느껴졌다. 그는 이 맛있는 국물을 살펴보고, 특별하게 다른 그 맛이 '다시마와 '가쓰오부시'(말린 가다랑어포)를 넣었기 때문일 거라고 짐작했다. 그는 이 맛의 비밀이 다시마에 있다고 보고, 이 해초의 화학 성분을 연구했다. 그 결과 단맛, 신맛, 쓴맛, 짠맛과는 또 다른 성분인 글루탐산 때문에 맛이 좋다는 것을 알게 되었고 이 맛을 감칠맛 즉 '우마미'[13]라고 명명했다. 그는 1908년 해초로부터 이 특징적인 맛을 전하는 갈색 결정을 분리했다. 이것이 바로 글루탐산나트륨 monosodium glutamate(MSG), 감칠맛의 근원이다. 이케다는 글루탐산이 고기, 해초, 토마토 등에서 느껴지는 플레이버의 원인이면서 '음식물에 단백질이 들어 있다'는 신호이기 때문에 인간이 우마미에 대한 미각을 발달시켜왔을 거라 생각했다.

1913년에는 이케다의 제자인 고다마 신타로小玉新太郎 가쓰오부시에 또 다른 감칠맛 물질인 이노신산이 함유되어 있는 것을 발견했다. 1957년에는 쿠니나가 아키라国中明가 표고버섯에 있는 구아닐산도 감칠맛을 낸다는 것을 알아냈는데, 이노신산과 구아닐산을 글루탐산과 섞으면, 감칠맛이 한 가지 성분으로는 도저히 낼 수 없을 만큼 강해지는 것도 알게 되었다. 이 성분들 각각이 감칠맛을 주기도 하지만, 글루탐산을 많이 함유한 음식이 핵산 성분을 함유한 물질과 함께 있으면 놀라운 시너지를 만든다. 그 맛의 강도는 두 성분을 합할 때보다 훨씬 높아진다.

감칠맛 존재의 인정

감칠맛은 분명 인류가 수천 년 동안 느껴왔지만, 그 존재가 인정되는 데는 많은 시간이 걸렸다. 우마미라는 존재는 최초 발견 이후 한동안 잘 인정되지 않았다. 그것은 소금의 나트륨 맛과 글루탐산나트륨 맛이 비슷해서 착각할 수 있기 때문이기도 했다.[14] 사람들은 글루탐산을 맛보고서도, 이것이 '짜다'는 신호에 불과하다고 생각하기도 했다. 이케다는 소금과 물의 비율이 1:400보다 낮으면 소금 맛을 감지할 수 없지만, 글루탐산나트륨은 1:3,000으로 희석해도 맛을 느낄 수 있음을 지적하면서 감칠맛이 별도의 미각임을 제시했다. 그러나 이렇게 소금보다 낮은 농도에서 글루탐산의 맛을 느낄 수 있음을 밝힌 희석 테스트로도 회의론자들을 설득할 수 없었다.

이케다가 이 맛을 발견하고도 수십 년이 지난 1960년대부터 감칠맛이 다섯 번째 맛으로 본격적으로 논의되기 시작했고, 1985년 하와이에서 제1회 우마미 국제심포지엄이 열렸다. 감칠맛이 기존의 맛과 별개인 다섯 번째 맛이라는 것을 입증하는 생물학적 증거가 나타나고 인정받은 것은 그의 논문이 발표된 후로 거의 100년이 지난 21세기 초였다. 혀의 미뢰에 감칠맛을 감지하는 고유의 수용체가 있다는 것이 확립된 덕분이었다.[15] 2000년에 미뢰 일부 세포 바깥면에 있는 단백질이 글루탐산과 구아닐산 또는 이노신산에는 반응하지만, 소금에는 반응하지 않는다는 사실이 확인되었고, 2002년에 감칠맛을 특이적으로 감지하는 별도의 수용체 단백질(T1R1/T1R3)의 존재가 생물학적으로 규명된 것이다.[16]

이 수용체 단백질은 침이나 물에 녹은 맛 물질과 결합하여 세포가 맛을 느끼게 하는 작은 자물쇠 역할을 한다. 열쇠 역할을 하는 모양과 화학 조성이 맞는 분자만이 이 수용체와 결합하고, 자물쇠인 수용체를 열어 신경세포를 통해 뇌에 '맛' 신호를 보낸다. 감칠맛수용체는 한 개가 아니라 한 쌍의 단백질로 이루어졌음이 밝혀졌는데, 한 개가 아니라 서로 다른 두 개의 열쇠가 작동하는 셈이다. 두 개 이상의 맛 물질이 결합할 때 반응이 훨씬 강하게 일어나는 것도 이 때문일 것이다. 첫 번째 열쇠가 글루탐산이고, 두 번째 열쇠는 두 가지 핵산 중 어느 하나다.

글루탐산나트륨은 해조류에 많다. 해조류가 훌륭한 글루탐산나트륨 공급원인 데는 생물학적 이유가 있다. 모든 세포에는 내용물을 보호하는 막이 있는데, 세포막은 반투과성이어서 물과 같이 작은 분자가 드나들 수 있다. 반투과성 막 사이에서는 삼투 과정이 일어나 농도가 낮은 용액에서 농도가 높은 용액으로 물 분자가 이동한다. 삼투는 물 분자의 이동을 통해 양쪽의 염도가 같아져야 비로소 멈춘다. 이와 같은 원리라면 해조류는 바닷물의 높은 염도 때문에 수분을 잃고 쪼그라들어버릴 수 있다. 하지만 현실은 그렇지 않다. 해조류 세포 안에 있는 글루탐산나트륨이 바닷물과 염도를 맞추어 세포의 탈수와 수축을 막기 때문이다. 그래서 가장 짠 바닷물에서 나는 해조류의 글루탐산나트륨 농도가 가장 높다.[17]

이노신산은 동물성 식품에 많고, 구아닐산은 채소와 버섯과 같은 진균류에 많이 들어 있다. 우리 음식에 단골로 쓰이는 멸치에 이노신산이 많다. 일본에서는 가쓰오부시가 대표적이다. 멸치에 글루탐산은 그리 많지 않지만 이노신산이 매우 많아서 훌륭한 맛을 낸다. 멸치 외에도 작은 생선들과 참치, 돼지고기, 닭고기에도 이노신산이 많다. 구아닐산을 많이 가진 식재료는 말린 표고버섯이 대표적이다.

이런 재료를 익히거나 분해하거나 발효시켜 세포가 부서지면 핵산이 빠져나온다. 글루탐산과 핵산이 결합하면서 글루탐산 하나일 때보다 훨씬 강력한 감칠맛을 준다.

감칠맛의 일등공신, 글루탐산

글루탐산만을 결정화시키면 물에 잘 녹지 않는다. 반면 글루탐산과 나트륨을 결합한 글루탐산나트륨, 즉 MSG는 물에 넣는 즉시 분해되면서 전기적 반발력으로 아주 잘 녹는다. 이때 녹은 글루탐산은 다시 천연 글루타메이트가 되고, 강한 감칠맛을 내게 된다.

글루탐산은 단백질을 이루는 아미노산 중에서도 가장 흔한 아미노산이다. 소고기, 우유, 모유 등의 동물성 단백질에는 대략 15% 이상 함유되어 있다. 밀, 옥수수, 커피, 토마토에는 글루탐산이 30% 이상 있지만, 쌀에는 상대적으로 글루탐산이 적다. 우리가 음식을 먹을 때 실제로 감칠맛을 주는 것은 물에 녹아서 하나하나 분리된 유리 글루탐산이다. 예컨대 고기를 끓여서 만든 육수가 바로 유리 글루탐산을 단백질 덩어리로부터 녹여낸 것인데, 이 육수에 가득한 글루탐산이 우리의 미각세포를 자극한다. 감칠맛은 발효식품에서도 잘 느낄 수 있다. 미생물의 도움을 받아 단백질을 분해하는 발효 과정에서 유리 글루탐산이 늘어나는 것이다. 예를 들면 우유에서 잘 느낄 수 없던 감칠맛이 치즈에는 더 풍부한 이유가 여기 있다. 치즈를 만드는 과정에서 우유를 농축, 분해, 발효하면서 유리 글루탐산의 양이 수백 배 늘어나게 된다. 육수를 만들 때 채소를 같이 넣는 것도 이런 이유다. 양파, 당근, 토마토에 들어 있는 단백질의 양은 적지만 맛을 내는 유리 글루탐산의 비율이 상대적으로 높다. 채소를 넣고 10분만 끓여도 단맛과 감칠맛 성분이 우러난다. 이때 감칠맛을 주는 주역인 글루탐산과 이노신산, 구아닐산이 서로 증폭 작용을 한다. 그래서 감칠맛을 잘 주는 음식 재료의 조합도 여러 문화에서 독특하게 발전했다.

감칠맛이 나면 그 음식에 아미노산, 즉 단백질이 있다는 뜻이다. 하지만 모든 아미노산이 감칠맛을 내는 건 아니다. 20여 가지 아미노산 중에서 글루탐산과 아스파르트산이 감칠맛을 만들어내는 주역이지만, 쓴맛이나 단맛을 내는 아미노산도 있다.

맛의 균형을 잡아주는 감칠맛

다른 네 가지 기본 맛과는 달리 감칠맛은 그 자체로 온전한 맛의 독립을 유지한다. 다른 맛들은 상대적이다. 단맛은 약간의 짠맛으로 강해지고, 쓴맛은 짠맛이나 신맛으로 약해진다. 그런데 감칠맛은 다른 맛과의 관계에 따라 변하지 않는다. 그러면서 감칠맛은 각기 따로 놀던 단맛, 짠맛, 신맛, 쓴맛을 묶어주면서 맛의 조화를 이룬다. 요리연구가들은 감칠맛이 단맛과 짠맛은 더 진하게 하고, 신맛과 쓴맛은 강도를 누그러뜨려 부드럽게 만든다고 말한다. 최근의 실험 연구들도 MSG가 소금과 비슷하게 쓴맛을 차단하고 플레이버를 높이는 것을 발견했다. 커피가 너무 쓰다면 MSG를 조금 넣어보라. 쓴맛이 줄어드는 걸 단번에 알 수 있을 것이다.

감칠맛은 맛의 빈 공간을 채워줄 뿐 아니라 맛의 여운을 길게 하는 효과도 있다. 그러다 보니 조미료를 넣으면 음식 맛이 모두 똑같아진다는 불만도 있다. 또 조미료를 지나치게 많이 넣은 음식을 먹고 나면 뒷맛이 텁텁하기도 하다. 감칠맛은 짠맛이나 신맛과 마찬가지로 좁은 범위에서 좋은 맛을 제공한다. 이에 반해 단맛은 농도가 높아져도 싫증이 나지 않는 편이고 자꾸 찾게 된다.

감칠맛은 그 자체로는 단맛만큼 기호성이 높지는 않지만, 매우 광범위하게 여러 음식의 맛을 높이고, 맛의 균형을 유지하며, 요리 전체의 맛을 완성한다. 그래서 음식에 고깃국물이 들어가면 맛있어지는 것이다.

단백질이 많은 육류를 요리하면 육류에 들어 있는 글루탐산이 분해되면서 맛으로 느낄 수 있게 된다. 그리고 글루탐산의 맛은 나트륨과 함께 있을 때 가장 강하다. MSG는 글루탐산과 나트륨이 결합한 분자인 만큼, 물에서 잘 녹아 글루탐산과 나트륨으로 분리되고, 여기에서 나오는 나트륨이 감칠맛을 더한다. 그래서 토마토에 소금을 약간 더하면 더 강한 감칠맛을 느끼게 된다. 바로 가스파초 수프의 기본이 되는 맛이다.

MSG는 분자량으로 볼 때 소금에 비해 나트륨의 비율이 낮아서, 별도의 나트륨을 섭취하지 않으면서도 강한 맛을 낼 수 있고 낮은 농도의 염분에서도 맛을 높일 수 있다. 이러한 특성 때문에 고혈압 등으로 염분 섭취를 조절해야 하는 사람들을 위한 저염식을 개발하거나, 노인들의 입맛을 당기기 위해서 MSG를 활용하려는 노력도 한다.[18] 실제로 사람들은 나이가 들면서 맛을 느끼는 미각세포의 수가 점점 줄어들고, 맛을 느끼는 능력이 약해진다. 그래서 나이가 들수록 더 강한 맛을 찾게 되기도 하고, 음식도 자극적으로 만들고 짜게 하기 쉽다.

생선

생선 맛의 변화 — 죄악에서 미덕으로

정소영

왜 고대에는 미인을 멸치에 비유했을까?

생선은 고대 그리스인들에게 가장 인기 있는 먹거리였다. 생선은 거부할 수 없는 강력한 유혹 중 하나로 여겨졌다. 역사학자 제임스 데이비드슨James N. Davidson은 이를 뒷받침하는 여러 가지 증거를 제공한다. 그중 흥미로운 것은 고대 그리스 도자기에 그려진 그림인데, 사랑하는 사람에게 생선을 선물로 바치는 내용이다. 또 몸에 가운을 휘감고 앉아 있는 소년이 날개 달린 큐피드로부터 링과 커다란 생선을 받는 그림도 있다. 그뿐만 아니라 생선의 모습까지도 칭송했던 듯하다. 아름다운 여성을 멸치에 비유했다니 말이다. 창백한 색과 날씬한 몸과 큰 눈 때문이었다고.[1] 브리야사바랭Jean Anthelme Brillat-Savarin은 그리스·로마인들은 생선을 먹으면 그 생선이 어디에서 잡힌 것인지 알 정도로 생선의 맛에 민감하고 섬세한 미각을 가지고 있었다는 이야기를 들려준다.

데이비드슨에 따르면 고대 그리스인들의 생선 사랑은 생선이 제사의식과 무관한 먹거리였다는 사실과 관련이 있다. 제물로 바쳐지는 동물의 고기는 의식의 절차에 따라 그 소비 방식이 정해지지만, 생선은 온전히 개인이 원하는 대로 소비할 수 있었던 것이다. 제의에 포함되지 않는 생선의 가치는 현대사회의 상품과 마찬가지로 소비자의 선호와 수요에 의해 결정되었다. 공적인 상징이나 역할이 없는 순수한 소비재로써 개인의 쾌락을 위해 자유롭게 욕망하고 소비할 수 있었다. 아테네인들은 좋은 생선이 들어왔다는 정보를 들으면 너도나도 시장에 가서 줄을 섰다. 생선을 먹는 것은 고대 그리스인들에게 가장 세속적인 행위 중 하나였다.

그런데 세속적 욕망을 절제하는 것이 삶의 원칙인 그리스인들에게 생선을 좋아하는 것은 도덕적으로 비난과 조롱을 받을 만한 일이었다. 식탐이 중죄였고, 여기에는 적절하지 않은 시간에 음식을 먹는 것, 필요한 양보다 더 많은 음식을 먹는 것, 호사스럽고 비싼 음식을 즐기는 것이 모두 포함되었다. 해도 되는 것과 하면 안 되는 것을 철저히 구분하는 것이 아니라, 모든 것을 지나치게 하지 않는 절제가 중요했다. 즐거움과 쾌락의 원천은 많다. 장어, 참치, 와인, 여자… 그러나 무언가에 자기 절제를 잃고 지나치게 탐닉한다면 그것은 도덕적 파멸과 재앙의 원인이 된다. 더욱이 생선과 같은 비싼 음식을 좋아한다면 도덕적으로 부패했다고 의심받았을 뿐 아니라, 이런 점이 정치적 능력에도 영향을 미쳐 폭군이 될 성향이 있다고 여겨졌다.

고대 그리스어에 옵소파고스opsophagos라는 단어가 있었다. 맛있는 것을 의미하는 옵손opson과 탐식가를 뜻하는 파고스phagos가 합쳐진 단어다. 그리스인들은 음식을 빵과 같은 주식과 빵에 곁들이는 부식으로 나누었는데 옵손은 특히 빵과 같은 주식이 아닌 빵에 곁들여 먹는 것을 의미했다. 옵소파고스는 필수적인 주식이 아니라 그 외의 음식에 탐닉하는 사람을 일컫는다. 우리나라식으로 이해하자면 밥보다 반찬에 탐닉하는 사람이다. 그런데 고대 그리스의 전기 작가 플루타르코스Plutarchos는 생선을 먹는 사람을 옵소파고스라 불렀다. 빵을 제쳐두고 탐닉하는 옵손 중에서 가장 맛있다고 여겨진 것이 생선이었으니, 생선을 먹는 사람은 당연히 옵소파고스라 불릴 만했을 것이다.

생선의 인기는 그리스에서 로마로도 퍼졌다. 로마에서도 생선을 먹는 것은 대단한 사치로 여겨졌다. 부유한 로마인들은 시장에 가서 줄 서서 생선을 사기보다 아예 자신만의 연못을 만들어 물고기를 보관해놓고 언제든지 먹을 수 있도록 했다. 그리스인들의 생선 사랑이 먹는 순간에 한정된 일시적이고 은밀한 사적 쾌락에 머물렀다면, 로마인들의 생선 사랑은 부에 대한 과시욕과 결합했다. 그리스의 연회가 음식과 엔터테인먼트에 중심을 두었다면, 로마의 연회는 금과 은으로 된 식기, 근사한 가구 등에 힘을 주었다. 부와 사치를 과시하는 화려한 상차림에서 생선과 각종 해산물은 빠질 수 없는 음식이었다.

입에 맞는 음식이 건강에도 좋다

필요 이상으로 많이 먹는 것은 죄악으로 여겨졌으므로 식이과학의 가장 중요한 과제는 얼마만큼 먹는 것이 가장 적절한지를 정하는 것이었다. 물론 식사량은 개인의 건강 상태에 따라 다르기 때문에 건강한 사람에게는 적당한 양이 아픈 사람에게는 너무 많은 양일 수도 있고, 반대로 건강한 사람에게는 너무 많은 양이지만 아픈 사람에게는 필요한 양일 수도 있다. 또 양뿐만 아니라 어떤 음식을 먹는가도 중요하다. 숙련된 전문가와 요리사가 고른 질 좋은 식재료나 진미라고 해서 누구에게나 좋다고 단정 지을 수 없다. 음식의 맛은, 그래서 건강에 관련된 식이 원칙과 불가분의 관계에 있다.

건강과 맛을 같은 영역에서 연결하는 원칙은 4체액설에 근거한다. 2세기 로마 검투사들의 주치의였던 갈레노스Claudios Galenos는 히포크라테스Hippocrates 시대에 발전한 체액론을 정리했다. 체액론에서 우주의 모든 물질은 흙, 물, 공기, 불이라는 네 가지 원소에 기반을 둔다. 이들은 건조함, 습함, 차가움, 따뜻함이라는 네 가지 성질로 대표되고 이들의 조합이 유기물이든 무기물이든 간에 세상 모든 물질을 특징짓는다.

네 원소의 조합이 사람의 몸을 구성하는 네 가지 체액과 상응한다. 사람의 몸은 피, 점액, 황담즙, 흑담즙 네 가지 체액으로 이루어져 있는데, 피는 온과 습, 점액은 냉과 습, 황담즙은 온과 건, 흑담즙은 건과 냉의 성질을 갖는다. 이 중 어떤 것이 많은가에 따라 인간의 기질 내지 체질이 결정된다. 피가 다른 것에 비해 많으면 민첩하고 낙천적이고, 점액이 많으면 냉담하고, 황담즙이 많으면 공격적이며 화를 잘 내고, 흑담즙이 많으면 우울해한다(멜랑콜리라는 단어가 그리스어로 흑담즙을 뜻하는 단어 멜랑콜리아melancholia에서 유래했다). 그래서 어떤 음식을 섭취해야 할지도 개인의 기질/체질에 달렸다. 즉 음식을 섭취하는 주요 목적은 체액의 균형을 도모하는 것이다. 체액론은 중세에 이르기까지 절대적인 영향력을 가진 의학 이론으로 정립되었고 19세기까지 대중 의학으로 그 영향력이 남아 있었다.

우주의 모든 물질이 같은 성질로 이루어져 있으므로 우리가 섭취하는 음식은 우리의 몸과 결합해 우리의 체질에 영향을 준다. 그래서 음식의 성질을 아는 것이 대단히 중요하다. 예를 들면 멜론은 차고 습하다. 오이도 비슷하지만, 멜론보다 덜 습하다. 무화과는 따뜻하고 습하다. 오리는 거위보다 더 따뜻하다. 소고기는 차고 건조하다. 생선은 육지 동물의 고기보다 일반적으로 더 차고 습하다. 이러한 음식의 성질은 또 조리 방법을 통해 변화된다. 로스팅은 습하게 만들고 베이킹은 건조하게 만든다. 음식의 성질에 대한 이론은 그리스·로마 시대부터 17세기까지 유럽인들의 식생활을 지배했다.

갈레노스에 의하면 인체의 대사는 체액 균형을 도모하는 과정으로, 자연적으로 몸이 필요로 하는 물질을 선호하게 되어 있다. 다른 모든 생물체와 마찬가지로 인간의 몸은 필요한 것을 끌어당기고 불필요한 것을 내보낸다. 예를 들면 성질이 급한 황담즙질은 열이 많고 건조하기 때문에 과일과 같은 차갑고 습한 것에 끌린다. 차갑고 습한 점액질은 레드와인이나 구운 고기와 빵 같은 따뜻하고 건조한 것을 필요로 한다. 자신의 기질과 같은 성질의 음식만 섭취하면 불균형을 초래해 건강을 해친다.

개인의 기질은 성별, 나이, 환경적 요인, 습관, 그리고 별과 계절의 영향에 의해 결정되고, 개인에게 맞는 맛은 기질에 따라 정해져 있다고 보았기에, 요리도 같은 의학적 원칙의 틀 안에서 이해되었다. 요리사는 식재료를 각각의 성질을 고려해서 균형 있게 조합해야 했다. 예를 들면 차갑고 습한 멜론은 따뜻하고 건조한 프로슈토와 조합한다. 또 식재료의 성질을 변화시켜 먹는 사람의 건강을 해치지 않고 균형을 맞추도록 만들어야 한다. 예를 들면 소고기 같은 건조한 육류는 스튜로 요리해 부족한 수분을 보충하고 거위고기나 양고기처럼 수분이 많은 육류는 구이로 준비해 균형을 맞추어야 한다.

향신료도 이와 같은 맥락에서 사용되었다. 요리와 소화는 열이 필요한 과정으로 이해되었고 따뜻한 성질의 향신료는 소화를 돕는다고 여겨졌다. 14세기 식단에 관한 책에는 향신료를 맛이 좋게 하려고 사용한다는 말이 쓰여 있는데, 그 궁극적인 이유는 맛이 좋아야 소화하기 좋기 때문이다. 한편 양념은 영양적 가치를 더하고 해가 되는 요소를 제거한다고.[2] 그래서 향신료는 중세에서 현대 초기에 이르기까지 양념보다는 약으로 여겨졌다.

모든 사람이 자신의 주치의

각자의 몸에 맞는 음식을 섭취해야 한다는 것이 '맛'을 지배하는 담론이었다. 먹었을 때 혀가 즐거우면 몸에도 맞는 음식이라는 것. 17세기 영국에서 출간된 『모든 사람이 자신의 주치의 *Every Man His Own Doctor*』라는 책은 이성과 경험을 통해 어떤 음식이 자신에게 맞고 맞지 않는지를 알 수 있다고 설명한다.[3] 자신에게 맞는 음식은 타고난 체질을 유지할 수 있도록 하므로 그 음식이 곧 약이다. 몸이 아프다는 것은 체질의 균형이 깨졌다는 것을 의미하고, 이때는 균형을 회복하게 하는 약이 필요하다. 즉 이런 경우에는 불균형을 일으키는 것과 반대되는 성질의 음식을 섭취해야 한다. 예컨대 내가 멜랑콜리한 기질을 타고나기는 했지만 차가움과 건조함이 과해서 평범한 성정을 유지하기 어려운 정도라면 따뜻하고 수분이 많은 음식을 섭취해 불균형을 해소해야 한다. 결국 음식이 보약이라는 말이다.

그런데 나의 상태가 '원래' 기질을 벗어났는지는 어떻게 알 수 있을까? 정상적인 상태와 병적인 불균형을 구분하는 것은 까다롭고 섬세한 판단이다. 그래서 자신의 타고난 체질에 맞는 것을 먹어야 하는지, 아니면 교정하는 것을 먹어야 하는지는 신중한 판단이 필요하다. 『모든 사람이 자신의 주치의』에서는 적어도 서른 살은 되어야, 또는 쉰 살이 되어야 자신의 주치의가 될 수 있을 만큼 자신에 대해 알 수 있다고 설명한다.

자신의 체질이 어떤지, 어떤 음식이 맞는지를 아는 방법은 여러 관련 자료를 읽고 자신을 잘 관찰하는 것이다. 그런데 또 하나 중요한 방법은 자신의 미각을 사용하는 것이다. 미각은 몸을 구성하는 일부이니, 어떤 음식에 대한 미각의 반응은 곧 몸의 반응이고, 이를 통해 자신의 체질을 알 수 있다. 맛이 좋다고 느끼면 몸에도 좋은 것이다. 혀가 즐겁게 받아들이는 것이 곧 체질에 맞는다는 것을 나타낸다. 이 시대에 상식처럼 통용되던 원칙이었다. 이는 "미각을 통해 기분 좋은 것과 그렇지 않은 것을 구분하는데, 이는 후자로부터 도망가고 전자를 추구하기 위해서"라는 아리스토텔레스의 말과도 통한다.⁽⁴⁾

르네상스 시기 프랑스의 철학자 몽테뉴Michel Eyquem de Montaigne는 "내가 싫어하는 것을 먹으면 나의 건강을 해치고, 내가 허기와 즐거움을 느끼며 먹는 것은 그 어떤 것도 해가 되지 않는다"라고 말했다. 건강할 때나 아플 때나, 그는 항상 식욕을 따랐다. 그의 몸이 무엇을 원하는지가 가장 중요했다. 그는 식욕이 언제나 소화기관의 건강과 조화로운 관계를 유지한다고 믿었다. 아플 때 당기지 않는 음식은 먹지 않았다. 그 음식에 대한 식욕이 돌아온다면 몸이 회복된 것이라고 보았다.⁽⁵⁾

스코틀랜드 출신 영국 철학자 토머스 리드Thomas Reid의 글을 보면 이런 '맛'에 대한 이론은 18세기까지도 남아 있었다. 그에 따르면 우리가 우리 몸에 맞는 음식을 즐기고 그렇지 않은 것을 혐오한다는 것이 미각에 대한 가장 완벽한 설명이다. 이러한 미각적 반응은 자연의 뜻을 발현하는 것이다. 신체적, 정신적 병은 이런 미각의 기능을 망가뜨린다고.[6] 미각은 쾌락을 위한 것이 아니라 자연의 법칙을 지키기 위한 도덕적 기제로 사용해야 하는 것이다.

이렇게 '맛'은 개인의 건강 상태와 체질에 따라 좋거나 나쁘거나로 설명되는 것이 거의 전부였다. 그래서 17세기 영국 철학자 존 로크John Locke는 맛에 대한 언어가 부족하다는 것을 구체적으로 지적한다.

"적어도 세상에 존재하는 종의 숫자만큼 많은 다양한 냄새는 이름이 없다. 달거나 고약한 냄새가 난다는 것이 우리가 냄새에 대해 흔히 사용하는 표현인데, 이는 어떤 냄새가 좋거나 싫다고 말하는 것과 다르지 않다. (…) 우리가 미각으로 받아들이는 다양한 맛도 지칭하는 명칭이 없다. 단맛, 쓴맛, 거친 맛, 짠맛이 셀 수 없이 다양한 맛—생물 종마다 다를 뿐 아니라 같은 식물, 같은 과에 속하는 동물의 부위마다도 다른—을 명명하는 명칭의 전부다."[7]

언어의 성찬, 맛을 말하다

맛에 대한 언어가 풍부해지는 데 가장 크게 기여한 것은 19세기 프랑스에서 시작된 미식 문화와 함께 발달한 미식 문학이다. 음식의 '맛', 미각적 경험이 화려한 언어로 재현되는 장르가 생긴 것이다. 드디어 건강과는 관련 없이 맛 자체에 대해, 혀의 즐거움에 대해 말하기 시작했다.

프랑스에서 미식 문화의 시작과 발전은 중산층을 위한 식당의 발생과 맞물린다. 프랑스혁명이 일어나기 몇 년 전부터 파리에 식당이 생겼지만, 식당이 온 도시에 퍼지기 시작한 것은 혁명이 일어난 후였다. 귀족들이 참수당하자 그들의 호화로운 식사를 담당했던 프랑스 최고의 요리사들은 일자리를 잃고 거리로 나앉게 되었고, 이들이 식당을 열고 요리를 팔기 시작했다. 운명의 해인 1789년 이후 25년이 채 되지 않는 기간 동안 파리의 레스토랑은 50개에서 300개로 늘었다.

레스토랑의 급격한 증가는 식문화의 변혁을 불러일으켰다. 레스토랑은 신흥 부르주아들로 가득 찼다. 귀족들이 즐기던 세련되고 호사스러운 음식을 돈만 내면 만끽할 수 있었다. 그들은 미식이라 정의된 좋은 음식(을 즐기는 것)에 대한 국가적 차원의 컬트를 도모했고 그것을 둘러싼 다양한 담론과 행위자들과 관습 등을 만들어냈다. 한 역사학자는 메뉴를 읽는 것은 성찬에 참여하기 위해 레스토랑이라는 신성한 곳에 들어서자마자 갖추는 예와 같은 것이었다고 설명한다.[8] 레스토랑에서는 그곳만의 언어와 규칙을 가진 미식의 세계가 펼쳐졌다.

그리고 이런 미식 문화의 가이드 역할을 하는 미식가들이 나타났다. 이들을 가스트로놈gastronomes이라고 칭했는데, 이 단어의 선택이 의미심장하다. 미식을 뜻하는 프랑스어 가스트로노미gastronomie는 위胃를 뜻하는 가스테르gaster와 규칙과 법을 뜻하는 노모스nomos가 합쳐져서 만들어진 말이다. 그러므로 가스트로놈은 먹는 것에 관한 법을 정하고 판단하는 사람이라는 의미를 내포한다. 그들의 맛에 관한 판단 근거는 내밀하고 알 수 없는 위와 혀의 만족에 있다. 그들은 음식을 즐기는 방법에 대한 규칙을 만들고, 음식이 위와 혀를 얼마나 만족시키는가를 평가하는 심판자들이다. 이 용어에는 당시 미식가에게 주어진 권한과 권위가 함의되어 있다.

미식가들은 미식 문학이라는 새로운 글쓰기를 통해 미식의 세계를 레스토랑 밖으로 확장했다. 미식 문학의 대표적인 개척자인 그리모 드 라 레니에르Alexandre Grimod de La Reyniere는 요리에 대한 정보보다는 미식과 글을 결합하는 문체를 개발하는 데 중점을 두었다. 오로지 '맛'에 대해 말하는 데만 집중한 것이다. 음식과 맛을 건강에 연관시키지 않고, 미각의 쾌락을 글로 표현하고자 하는 욕구를 한껏 드러냈다. 이 새로운 장르의 탄생은 맛의 절대적 가치에 관한 믿음을 전파했다.

그리모는 음식평론의 선구자이고, 음식을 즐기는 사람들의 멘토였다. 보통 사람과는 다른 특별한 미각을 타고났고, 많은 경험과 훈련을 통해 맛에 대한 방대한 지식을 소유한 사람으로서 미식가들이 미각의 즐거움이라는 미로에서 길을 잃었을 때나 감각을 훈련하기 위해 조언을 구하는 사람. 요리책은 요리사들을 위한 것이었지만, 미식가들의 글은 음식을 먹으면서 어떤 맛을 경험해야 하는지 알고 싶어 하는 사람들을 위한 것이었다. 무엇을 먹어야 하는지, 어떤 것을 좋아해야 하는지를 알고 싶어 하는 사람들. 그들에게 그리모는 최고의 '인플루언서'였다. 그리모의 목표는 다른 사람들의 입맛을 다스려서 그의 입맛에 맞추는 것이었다. 맛은 더 이상 개인마다 다르게 느끼는 주관적 경험에 국한된 것이 아니었다. 그가 정한 선호와 위계가 다른 사람들이 음식을 경험하는 데 잣대로 쓰이기 시작했다. 이는 혁명 직후 상류 귀족층이 몰락하고 신흥 중산층이 부상하던 사회적 상황과 맞아떨어졌다. 미식가들은 호화로운 만찬을 베풀어 사람들을 초대하고 미각적 체험을 지휘하던 귀족의 역할을 대신했다. "프랑스의 가장 성대한 식탁을 지배하는 군주들"[9]이 된 것이다.

탐식 예찬

그리모와 함께 음식을 맛보고 즐기는 것을 전문적인 분야로 격상시킨 또 한 사람은 바로 장 앙텔름 브리야사바랭이다. '미식의 경전'으로 추앙받는 그의 저서는 국내에 『미식 예찬』으로 소개되었는데, 원제는 '미각의 생리학Physiologie du goût'이다. 그런데 이 책을 읽어보면 우리나라 번역본 제목인 '미식 예찬'이 사실 더 정확한 제목이라는 것을 알게 된다. 생리학에 관한 내용도 상당히 많이 나오긴 한다. 어떤 부분은 놀랄 만큼 현대과학을 앞질러 미각의 생리작용을 설명한다. 그러나 그의 이러한 탐구는 궁극적으로 미각적 쾌락을 극대화하는 데 그 목적이 있다. 어떻게 하면 음식을 더욱 맛있게 즐길 수 있는가에 대한 안내서라고 해도 과언이 아니다.

그는 소화를 못 할 정도까지 많이 먹거나 취할 때까지 마시는 사람은 먹을 줄도 마실 줄도 모르는 사람이라고 말한다. 고대 그리스인들의 식탐에 대한 경고와 다르지 않아 보이지만, 식탐을 절제하지 못하는 것을 비난하기보다는 이러한 무절제로 인해 음식의 맛을 즐길 수 없게 되는 것을 경고하는 것이다. 그에게는 미각적 즐거움을 느끼지 못하면서 음식을 먹는 것이 더 큰 죄악이다. 이것이 바로 인간을 동물과 구분하는 것이기 때문.

『미식 예찬』에서 브리야사바랭은 맛에 대한 언어가 부족하다고 지적한다. 이는 존 로크의 말이 여전히 유효했음을 증명한다. 브리야사바랭은 "우리는 그동안 달다, 설탕같이 달다, 시다, 쓰다 등의, 결국은 좋다 또는 싫다는 표현과 다를 게 없는, 일반화된 몇몇 표현에 의존할 수 밖에 없었다"[10]라고 말하면서, 그의 저서가 바로 이런 점을 바로잡으려는 시도임을 암시한다. 막상 맛 자체를 표현하는 언어를 풍부하게 제공하지는 않지만, 그의 글은 음식의 맛을 즐기는 데 온전히 집중한다.

그도 생선이 최고의 음식이라는 데 이견이 없는 듯하다. 생선에 대한 그의 조언은 좋아한다면 마음껏 먹으라는 것. 그에 따르면 솜씨 좋은 요리사의 손을 거친 생선은 끝없는 즐거움을 준다. 통째로 나오든 잘라서 조각으로 나오든, 물·식초·기름 무엇을 사용하든, 따뜻하든 차갑든, 누구든지 좋아한다. 특히 와인소스로 만든 생선은 그 어떤 것보다도 훌륭하다고. 생선을 좋아하는 사람이라면 배가 불러 소화가 어렵지 않을까 하는 걱정 없이 무한정 먹을 수 있다. 생선과 갑각류, 특히 굴은 고기보다 가벼워서 건강을 해치지 않고 먹고 싶은 만큼 얼마든지 먹을 수 있다고.

이제 생선을 좋아하는 사람은 옵소파고스가 아닌 생선애호가가 되었다. 죄악을 저지르는 사람이 아닌 열정적인 미식가다. 미식 문학은 미각과 맛 경험의 독립적인 가치를 정립함으로써 7대 죄악의 하나였던 탐식을 미덕으로 바꾸었다.

브리야사바랭의 말 중 가장 유명한 것은 아마 "당신이 먹은 것이 무엇인지 말해달라. 그러면 당신이 어떤 사람인지 말해주겠다"일 것이다. 그런데 '어떤 사람'인지의 내용은 '당신'이 어떤 시대, 어떤 사회적·문화적 맥락에 속해 있는지에 따라 달라질 것이다. 고대 그리스와 로마의 시민이라면 생선을 즐겨 먹는 당신은 세속적인 쾌락을 거부하지 못하는 사람이자 보통 이상의 부를 누리는 사람이다. 19세기 파리에서 생선을 즐겨 먹는 당신은 맛을 알고 즐기는 사람일 수 있다. 지금 생선을 먹는 당신은 어떤 사람인가? 물론 생선애호가일 수 있다. 그런데 콜레스테롤과 고기 섭취의 상관관계, 마이야르 반응이 발암물질을 발생시킨다는 등의 정보가 상식인 현대사회에 속한 내 어머니는 내가 생선 좀 먹는다고 하면, 고기보다는 생선을 먹어야 한다며, 생선이 건강에 좋다며 흡족해하신다.

비린내와 감칠맛 사이

성명훈

생선의 냄새, 고약하거나 고소하거나

생선 냄새는 기분 좋게 은은하기도 하지만 감각을 통째로 뒤흔들고 견디기 힘들게 지독할 수 있다. 어느 쪽인가는 전적으로 생선이 얼마나 신선한지에 달려 있다. 신선한 생선은 생선 자체의 세포에서 배출된 효소가 지방산을 분해하면서 생기는 풀 향기 같은 것 말고는 거의 냄새가 나지 않는다. 영하가 아니라면, 생선 살은 고기를 보존하기에 적당한 낮은 온도에서도 썩기 시작한다. 물고기들이 상대적으로 낮은 온도에서 살기 때문에 그 효소들이 그런 조건에서 활성화되도록 적응되어 온도가 조금만 높아져도 부패하기 때문이다.[11] 시간이 지나면서 이 효소 작용은 감칠맛을 만들어내는 글루탐산과 이노신산 같은 핵산을 방출한다. 이렇게 냉장하여 낮은 온도에서 숙성된 맛을 내도록 한 것이 숙성회와 선어회다.

생선임을 알리는 독특한 냄새, 비린내를 내는 성분은 트리메틸아민trimethylamine(TMA)이라는 화합물이다. TMA는 생선이 살아 있을 때는 산화형인 트리메틸아민옥사이드trimethylamine oxide(TMAO)로 있다. TMAO는 냄새가 없고 약한 단맛을 낸다. 그런데 생선이 죽으면 TMAO가 TMA로 분해되면서 냄새가 생기기 시작한다. TMA는 다시 분해되면서 암모니아를 만드는데, 생선 냄새가 코를 찌르는 듯한 것은 이 때문이다. 삭힌 홍어는 이 과정이 충분히 진행되어 암모니아가 풍성하게 형성되었기에 강력한 냄새를 풍긴다.

TMAO가 어류의 몸에서 하는 기능은 해조류에서 글루탐산나트륨이 하는 것과 같다. 물이 세포 밖으로 빠져나가지 않도록 짠 바닷물과 삼투압 균형을 유지하는 역할을 한다. TMAO는 어류의 세포가 바닷물의 삼투압으로부터 수분을 빼앗기는 것을 막고, 수압에 의해 단백질이 변성되는 것을 막아준다. 생존을 위해 해조류에 있는 글루탐산이 감칠맛을 제공하고, 어류의 TMAO는 분해 과정에서 만들어지는 TMA로 생선 특유의 냄새를 만들어낸다. 해조류와 플랑크톤은 삼투압을 이기기 위해서 디메틸설포니오프로피오네이트Dimethylsulfoniopropionate(DMSP)도 함유한다. 해초와 플랑크톤이 죽으면 DMSP가 분해되어 디메틸설파이드dimethyl sulfide(DMS)를 만들면서 특유의 바다 냄새를 풍긴다. DMS는 옥수수 통조림을 막 땄을 때 나는 냄새이기도 하고, 김 또는 게에서 나는 냄새의 핵심 성분이기도 하다.

그런데 바다가 아닌 민물에 사는 물고기는 어떤가? 민물고기에서 더 강한 비린내가 나기도 한다. 소금기가 없는 민물에 사는 물고기는 삼투압 조절을 할 필요가 없고, TMAO 성분도 거의 없는데 왜 그럴까? 민물고기 비린내의 주범은 피페리딘이다. 민물고기는 아미노산의 한 종류인 라이신 성분이 많다. 이것이 분해되면서 피페리딘이 되고 이어서 암모니아 같은 냄새를 만든다. 또한 민물고기에서 쿰쿰한 '흙냄새'를 느낄 수도 있는데, 이것은 지오스민의 냄새다. 흙냄새로 느껴지는 지오스민은 흙 속 미생물들이 만든다. 메기와 잉어같이 물속 바닥에서 먹이를 찾는 민물고기들의 아가미 등에 이 지오스민이 들어가 흙냄새를 풍긴다.

TMAO가 TMA로 분해되는 속도는 생선이 실제로 부패하는 속도보다 빠르다. 우리는 부패가 진행되고 있다는 것을 비린내로 느낀다. TMA는 우리 몸에서도 만들어지고 장내 세균에 의해서도 만들어져 혈액으로 흡수되는 성분이기도 하다. 특별히 해롭지 않은 성분이다. 그럼에도 비린내를 톡 쏘는 듯한 불쾌한 냄새로 느끼는 이유는 이를 통해 부패한 생선을 피할 수 있도록 하기 위해서다. 만약에 생선에 공통으로 함유된 TMA가 아닌 다른 물질로 생선의 변질을 알아차려야 한다면, 이는 보편성이 떨어질뿐더러 부패가 상당히 진행된 이후에나 알게 될지도 모른다. 포식자인 인간의 생존을 위한 신비한 자연의 상호관계라고 볼 수 있다.

생선 비린내를 줄이는 방법으로 레몬즙을 뿌리는 것도 TMA와 관련이 있다. TMA가 알칼리성 물질이라 산성이 되면 용해도가 증가하고 휘발성이 감소하므로 비린내가 덜 느껴지기 때문이다. 한편 냄새를 맡을 때는 별로 비린내가 나지 않던 생선이 먹을 때는 비린내가 강해지는 경우가 있는데, 이는 입속에서 온도가 올라가 휘발성이 증가하거나, 침에 의해 산이 중화되어 pH가 높아져 TMA의 휘발성이 증가하기 때문이다. 우리가 생선회를 찍어 먹는 초장에는 식초가 많이 들어 있고,

모든 향을 덮어버리는 고추장도 듬뿍 있다. 그래서 비린내를 줄이면서 생선의 맛을 더할 수 있다.

생선 살의 식감, 어떻게 다른가

강한 냄새가 없을 때 생선의 플레이버는 물고기의 근육 구조에 따른 살의 질감과 그 속에 함유된 기름 양에 큰 영향을 받는다.

육상 동물의 근육과 물고기의 근육은 작동 방식이 다르다. 육상 동물의 근육은 중력을 견디면서 몸을 지탱하기 위해서 단단한 덩어리를 이루면서 뼈대를 잡아당긴다. 이에 반해서 어류는 기체가 차 있는 부레 덕분에 물에 떠 있어 근육은 이동에만 사용한다. 살짝 익힌 생선이 입안에서 살살 부스러지면서 미묘한 냄새와 함께 특유의 플레이버를 주는 것은 물고기의 근육이 육상 동물의 살과 다른 점을 느끼게 한다.

우리가 맛보는 생선 살의 색깔, 결의 방향, 질감이 어종마다 다른 것은 이들이 저마다 다른 환경과 생활 조건에서 몸을 구불거리면서 헤엄치는 데 근육이 적응한 결과다.[12] 이 조건은 바로 물인데, 물속에서 유유히 순항하는 종인지, 포식을 위해서 급가속을 해야 하는 종인지에 따라 근육의 구성이 다르다. 청어, 고등어, 정어리류는 살 색이 진하고 기름이 많다. 통통하게 살이 찐 청어 살은 지방 함량이 20%에 이른다. 이들은 느리고 꾸준한 속도로 물을 가로지르기에 에너지를 크게 소모하지 않는데, 이렇게 순항하는 생선들은 근육에 붉은색을 가진 미오글로빈이 많다. 미오글로빈은 우리 몸의 헤모글로빈과 비슷하게 꾸준히 헤엄칠 때 필요한 산소를 저장하고, 기름 형태로 저장된 연료를 쓴다. 그래서 이들은 살 색이 짙다.

급가속하는 물고기는 즉각적으로 동원할 수 있는 근력을 많이 필요로 한다. 대구 같은 대형 포식 어류에서 이런 힘을 내게 해주는 것이 백색근이라서 흰살생선들이 이에 해당한다. 대구의 근육에는 기름 성분이 0.5%뿐이고 미오글로빈은 전혀 없다. 대구의 식감과 고등어의 식감이 다른 이유다. 수천 킬로미터를 이동하는 대형 포식 어류인 다랑어는 근육이 분홍색이고, 그 성질은 흰살생선과 붉은살생선의 중간이다.[13]

박테리아가 자반고등어 맛의 비밀?

한국인이 가장 많이 소비하는 수산 식품으로 어묵과 고등어가 꼽힌다. 2019년 한국해양수산개발원의 조사에서 우리 국민이 가장 좋아하는 수산물로 고등어가 12.3%로 1위, 이어서 오징어, 갈치 순이었다. 영광 굴비와 안동 간고등어는 지역을 대표하는 특산품으로도 유명하다. 고등어는 가히 '국민 생선'이다.

고등어 중에서도 특히 자반고등어(간고등어)는 독특한 맛이 있어, 밥도둑이라고도 불릴 만큼 식욕을 돋우고 입맛을 당긴다. 자반고등어는 잡은 고등어에서 부패하기 쉬운 내장을 떼어내고 높은 농도의 소금물에 담갔다가 소금에 절여 숙성시켜 만든다. 냉동시설이 없던 옛날에는 고등어가 상하는 것을 방지하기 위해서 해안에서 잡은 고등어에 굵은 왕소금을 뿌려 절인 상태로 내륙지방으로 가져왔다. 예전의 자반고등어는 다량의 소금을 이용해 만들었기 때문에 짠맛이 과했고, 그다지 선호되지 않았다. 그러나 최근에는 냉장기술과 수송의 발전으로 저장 부담이 줄어들었고, 건강과 편리성도 고려해서 자반고등어를 만들 때 소금을 적게 쓰면서 처리를 할 수 있게 되었다. 최근 자반고등어는 특유의 조직감과 적당한 짠맛, 그리고 깊은 감칠맛으로 매우 인기 있는 수산가공품이다.

소금을 뿌린 후 숙성시킨 자반고등어에는 독특한 감칠맛이 있다. 자반고등어가 숙성하면서 감칠맛 성분을 만드는 데 코리네박테리움이라는 세균이 역할을 한다. 대부분의 코리네박테리움 세균은 산소가 있는 곳에서 자라고 병원성이 없으며, 토양과 식물의 표면 등 자연계에 널리 서식한다. 1950년대 초 포도당이 들어 있는 배양액에서 글루탐산을 생산하는 코리네박테리움 글루타미쿰*Corynebacterium. glutamicum*이 발견되었다. 그런데 이 코리네박테리움 글루타미쿰은 글루탐산, 라이신 등 다양한 아미노산을 생산하며, 삼투압을 효과적으로 이겨내는 기능이 있다. 이런 특성을 식품 공장에서 조미료나 사료 생산을 위해

산업적으로도 많이 이용한다. 주로 설탕을 만들고 남은 폐당밀에서 이러한 미생물을 키우면, 미생물이 가진 세포 내 화학공장 메커니즘을 이용하여 음식을 더욱 맛있게 하는 조미료의 원료, 글루탐산이 만들어진다.

잘 숙성된 자반고등어에는 감칠맛을 내는 코리네박테리움이 잔뜩 들어 있다. 고등어 속에서 코리네박테리움이 잘 생장할수록 맛이 좋아진다. 고등어에 너무 많은 소금을 뿌리면 코리네박테리움이 잘 생장하지 못하고, 오히려 소금을 좋아하는 미생물이 자라게 되어 이상한 맛을 낸다. 반대로 소금을 너무 적게 뿌리면 초산균이 번식하여 신맛이 난다. 결국 소금의 농도에 따라서 감칠맛을 만드는 코리네박테리움의 생장 정도와 서식하는 미생물의 종류가 달라지고, 그 결과 생성되는 맛도 확연히 달라지기 때문에 간고등어에 소금 간을 하는 간잡이의 역할이 매우 중요하다.

자반고등어에서 코리네박테리움이 잘 자라듯이 공기 중의 다른 세균들, 독성이 있거나 병을 일으키는 미생물들 역시 자랄 수 있다. 따라서 자반고등어가 오염되어 비위생적이지 않을까 하는 걱정이 들 수도 있다. 기특하게도 코리네박테리움 글루타미쿰은 병원성을 가진 해로운 미생물들이 자라는 것을 억제하는 항생제와 비슷한 물질도 스스로 생산하는 것이 발견되었다.[14] 즉 자반고등어가 위생적으로 안전한 식품이 될 수 있는 것은 미생물이 고등어 속에서 맛을 만들어낼 뿐만 아니라,

유해한 다른 미생물의 성장도 억제하기 때문이다.

일본에도 우리의 자반고등어와 비슷한 자반갈고등어(시오사바塩サバ)라는 것이 있다. 전갱잇과인 갈고등어를 소금물에 절인 음식인데, 간장을 발효시킬 때 씨간장을 사용하듯이 즙을 계속 재사용하며 진하게 숙성시킨다. 반복하여 사용하는 즙에 아주 높은 농도의 코리네박테리움이 있다.

그러면 코리네박테리움은 모두 좋은 세균인가? 아니다. 코리네박테리움 속에는 자반고등어 맛의 제공자인 코리네박테리움 글루타미쿰처럼 이로운 것도 있지만, 심각한 질병을 일으키는 세균도 있다. 바로 디프테리아균, 코리네박테리움 디프테리*Corynebacterium diphtheria*이다. 디프테리아는 디프테리아균이 만들어내는 독소에 의해서 생기는 심각한 전염병이다. 이 사실을 알고 나니 갑자기 자반고등어를 먹고 싶은 마음이 없어지지는 않는가?

그러나 자반고등어는 조상들이 경험을 통해 만들어낸 위생적이고 안전한 식품이고, 미생물을 이용한 매우 과학적인 식품이다. 우리나라 전통 발효식품인 김치에서 유산균의 역할이 중요하듯 자반고등어에서도 코리네박테리움이라고 하는 균에 맛과 위생과 관련된 기특한 비밀이 있다.

인류의 진화는 조개에서 시작되었다

바다에서 나와 우리의 식탁에 오르는 먹을거리는 생선만이 아니다. 새우, 가재, 오징어, 조개 같은 수많은 갑각류와 연체동물이 있다. 멍게 같은 아주 원시적인 극피동물도 먹는다. 동물성 먹을거리만 아니라 김, 다시마 같은 해조류도 중요한 식단의 요소다.

물론 소금도 바다에서 나온다. 이들은 제각각 다양한 플레이버로 우리의 식탁을 다채롭고 화려하게 해준다. 새우의 고소한 플레이버, 오징어의 질긴 식감과 냄새, 조개의 달착지근한 맛, 멍게의 쌉싸름한 맛이 식탁을 다채롭게 할 뿐 아니라, 인간에게 매우 중요한 영양소의 공급원이다. 해산물은 단백질의 주 공급원일 뿐 아니라 필수 지방산인 오메가3가 풍부해 인류 발달에 중요한 역할을 해왔다. 수많은 인류의 조상 중 호모사피엔스가 살아남은 데는 물가에 살면서 수생 생물을 섭취했다는 이유도 큰 몫을 차지할 것이다.

조개는 인간에게 매우 유서 깊은 음식이다. 다른 동물처럼 도망가지 않고 한곳에 머물기 때문에 처음 지구상에 등장했을 때부터 조개는 많은 동물의 먹거리가 되었다. 고고학 자료를 보면 최소 15만 년 이전부터 호모사피엔스가 조개를 날로 먹거나 익혀 먹었다.[15] 호모사피엔스와 상당 기간 공존했다가 약 3만 년 전 사라진 우리의 형제 네안데르탈인도 조개를 먹었다.

약 100만 년 전 최초의 인류인 호미닌도 조개를 먹었을 것으로 추정된다. 현존하는 원숭이나 유인원도 조개를 잡아먹는 모습이 종종 관찰되는데, 이 때문에 인류가 조개를 먹은 시점을 겨우 100만 년 전으로 보는 것은 매우 보수적인 추정이라고 주장하는 학자들도 있다.[16]

홍합, 백합 같은 연체동물이나 게, 왕새우 같은 갑각류는 특유의 플레이버가 있다. 조개류가 독특한 맛이 있는 이유는 지느러미 달린 어류가 특별한 맛을 내지 않는 TMAO로 바닷물의 삼투압에 저항하는 것과 달리, 이들은 글라이신과 같은 유리 아미노산(분자 상태로 존재하는 아미노산)을 함유하기 때문이다. 감칠맛이 알려주는 것이 아미노산의 존재다. 유리 아미노산이 조개류에서 수행하는 생리학적 기능은 TMAO와 똑같지만, 유리 아미노산은 우리의 감칠맛수용체도 자극하기 때문에 맛이 다르고 해산물의 고유한 향으로 독특한 플레이버가 더해지는 것이다.

새우는 단백질 함량이 높고, 오메가3 지방산을 위시한 불포화지방산이 많으며, 항산화물질인 아스타잔틴을 함유한다. 콜레스테롤을 많이 함유한 위험한 먹을거리로 오해되고 있는데, 실은 칼로리가 낮아(100g당 84kcal) 다이어트를 하는 사람들에게도 큰 문제가 없다. 아스타잔틴은 갑각류나 어패류가 적외선의 영향으로부터 몸을 지키기 위해 가지고 있는 색소인데, 단백질과 결합되었을 때는 청록색을 띠지만, 분리되면 붉은색으로 변한다. 단백질이 분리된다는 건 삶거나 구웠다는 말인데, 이것이 바로 새우에 열을 가하면 붉은색을 띠게 되는 이유다. 이 붉은 색이 새우 맛을 한층 더해주는 면도 있다. 수조 속에 있는 잿빛 새우보다 맛있게 익은 붉은 새우가 군침이 돌게 하지 않던가.

파스타

정통성과 맛의 세계화

정소영

당신이 먹은 카르보나라는 진짜 카르보나라일까?

아는 음식을 시켰는데 내가 알던 것과 너무 다른 음식이 나와 당황했던 경험이 있는지? 나에겐 카르보나라 파스타가 그런 경험을 선사했다.

아주 아주 오래전에, 나의 유럽 음식 경험이 지금보다 훨씬 편향되고 적었을 때, 파리의 바스티유 오페라극장 근처 골목에 있는 이탈리아 음식점에서 충격을 받았다. 그해 파리의 겨울은 평년보다 훨씬 추웠다. 지금처럼 양털 부츠나 패딩이 흔하지 않을 때였다. 조금만 걸어도 발가락이 너무 시려 눈물이 날 만큼 추운 겨울이었다. 온종일 추위에 시달린 그날도 저녁 메뉴로 기름지고 따뜻한 것을 찾고 있었다. 빨간 체크무늬 테이블보를 씌운 이탈리아 식당이 눈에 띄자마자 그 작은 식당의 온기가 그대로 느껴졌고 부드럽고 녹진한 크림에 푹 담긴 파스타를 한 접시 먹고 싶다는 생각이 들었다. 주저 없이 들어간 식당에 앉아 바로 카르보나라 스파게티를 주문했다.

그런데 이게 웬일인가. 내 앞에는 부드럽고 녹진한 크림은 커녕 국물이라고는 한 방울도 없고, 스파게티 면에 달걀노른자가 하나 덩그러니 올려진 음식이 놓였다. 접시를 놓으며 통통한 아저씨가 웃으면서 스파게티 알라 카르보나라라고 했으니 음식이 잘못 나왔을 리는 없고. 황당한 마음에 주위를 둘러보니 앞 테이블에 앉은 배낭여행 중인 듯한 청년 앞에 같은 음식이 놓였다. 그는 전혀 당황한 기색 없이 재빨리 달걀노른자를 포크로 터뜨려 파스타 면과 섞더니 맛있게 먹기 시작했다. 나도 면이 뜨거울 때 노른자를 빨리 섞어야겠다는 생각에 갑자기 정신이 들었다. 달걀노른자를 섞고 맛을 보니 파르메산 치즈의 짭짤함과 감칠맛이 입안에 가득 돌았다. 하지만 날달걀에 충격을 받은 나머지 유난히 달걀 맛을 많이 느꼈던 것 같다. 그런데 먹으면서 생각해보니 뜨거운 밥에 날달걀이나 수란을 얹고 버터와 간장을 넣어 비벼 먹는 것과 마찬가지 아닌가. 친밀감이 들었다. 하지만 크림이 없는 카르보나라에 대한 충격과 의문은 없어지지 않았다.

그런데 얼마 후 런던에서 알게 된 이탈리아 친구 이사벨라에게서 또다시 카르보나라에 대한 충격적인 말을 듣는다. 카르보나라에는 '원래' 크림이 들어가지 않는다는 것이다. 영국에서 파는 크림이 자작한 카르보나라는 진짜 카르보나라가 아니라는 것. 아, 그럼 파리에서 먹은 것이 진짜? 의아해하는 내게 이사벨라는 카르보나라를 직접 만들어주었다. 파스타를 삶는 동안 달걀 푼 것에 파르메산 치즈와 블랙페퍼를 잔뜩 갈아 넣고 섞어놓았다. 팬에 판체타(돼지 뱃살로 만든 이탈리아 베이컨)를 볶다가 삶은 파스타를 건져서 넣고 같이 볶다가 불을 끄더니 달걀과 치즈 섞은 것을 부어 마구 섞었다. 그리고 그릇에 담아 블랙페퍼를 또 한 번 마구 뿌려서 내게 건넸다. 원래는 파르메산이 아니라 페코리노 로마노 치즈를, 판체타가 아니라 구안찰레(돼지의 턱과 볼살로 만든 베이컨)를 써야 한다는 설명도 해주었다. 파리에서 제대로 느끼지 못한 재료들의 화합을 온전히 느끼며 맛있게 먹었다. 파리에서 먹은 달걀노른자에 관해 물었더니, 달걀을 풀 때 노른자 하나를 따로 두었다가 올려서 내기도 한다고. 그리고 자기 혼자 먹을 때는 소스를 만들 것도 없이 삶은 파스타에 치즈와 달걀만 넣고 뒤섞어 먹는다고.

거의 30년 전의 일이다. 그런데 카르보나라는 아직도 진짜 이탈리아식 레시피를 둘러싼 논란에서 완전히 벗어나지 않은 듯하다. 영국에서 미슐랭 3스타를 받은 최초이자 최연소 셰프로 전설적인 지위에 오른 마르코 피에르 화이트Marco Pierre White 의 카르보나라 레시피는 크림을 사용한다. 파스타를 닭 육수에 삶고, 달걀과 크림을 섞은 소스를 파스타와 잘 섞어준다. 치즈는 미리 섞지 않고 그릇 밑에 깔고, 파스타를 올린 후에 따로 볶아놓은 판체타를 뿌리고 치즈도 한 번 더 뿌린다. 닭 육수에 파스타를 삶는다든지, 치즈를 함께 섞지 않는 것은 그만의 스타일이라 생각할 수 있지만, 제아무리 세계적인 셰프라 해도 크림을 사용하고 구안찰레가 아닌 판체타를 사용하는 것에 대해서는 많은 사람이 의구심을 표한다. 심지어 그의 어머니가 이탈리아 출신인데도 말이다. 한 이탈리아 셰프는 유튜브를 통해 마르코 피에르 화이트의 카르보나라 레시피에 대해 크림과 판체타라니, 진짜 이탈리아 요리가 아니라고 비판했다.

최근에 넷플릭스에서 본 2021년작 드라마 〈유 돈 노우 미You

Don't Know Me〉는 카르보나라 레시피 논란이 아직도 끝나지 않았다는 것을 보여주었다. 주인공 히어로가 첫눈에 반한 카이라를 집에 초대하고 그녀에게 호감을 얻기 위해 직접 스파게티 카르보나라를 만들기로 한다. 동네 이탈리안 레스토랑에 가서 만드는 법을 가르쳐달라고 한다. 그의 열성에 굴복해 도와주기로 한 요리사는 그에게 "자, 그럼 일단 카르보나라 하면 무슨 재료가 생각나지?"라고 묻는다. 히어로가 "햄, 치즈, 크림?"이라고 답하자 요리사는 어이가 없다는 듯이 웃는다. 그리고 보조 요리사에게 구안찰레를 가지고 오라고 소리친다. 히어로는 크림이 들어가지 않는 카르보나라를 이탈리아 레스토랑 요리사에게 합격점을 받을 때까지 연습한다. 그가 깬 달걀이 무려 42개. 그리고 그가 만든 카르보나라를 맛본 카이라는 그의 여자친구가 된다. 그런데 카이라는 그 카르보나라에 들어 있던 구안찰레가 판체타인 줄 알았다는 것이 나중에 밝혀진다.

맛만 좋으면 되지 진짜 이탈리아식인지 아닌지가 이토록 중요한 이유는 무엇일까? 잘 생각해보면 카르보나라 논란에서는 맛이 좋다 나쁘다가 문제가 아니라, 이탈리아의 맛이냐 아니냐가 평가 기준이다. 혀로 느끼는 맛을 훈육하고 지배하는 강력한 문화적 맛의 원칙 하나가 정통성 또는 '어센틱 authentic'함이다. 내가 이사벨라가 만든 카르보나라를 유난히 맛있게 느꼈던 것은 어쩌면 레시피를 설명하면서 그녀의 혀에서 또르르 굴러가던 이탈리아식 'R' 발음 때문이었을 수도 있다. 어센틱한 맛이란 무엇일까?

미트볼 스파게티의 정체는?

크림이 들어간 카르보나라보다 이탈리아 사람들이 더욱 인정할 수 없는 음식이 미트볼 토마토소스 스파게티다. 그렇다. 한때는 우리나라 이탈리아 레스토랑의 메뉴에도 흔하게 올라 있던 바로 그 음식이다. 이탈리아 농가 스타일 음식으로 유명한 미국인 셰프 세라 젠킨스Sara Jenkins는 이탈리아 음식의 재료와 먹는 방법은 끊임없이 진화한다고 주장한다. 2,000년 전 고대 로마인들이 피시소스를 사용했는데, 현대 이탈리아 요리에 베트남 피시소스를 사용한다고 해서 진짜 이탈리아 요리가 아니라고 할 수 있겠냐고 반문한다. 음식과 맛은 정적인 것이 아니라 시간과 환경에 따라 변하는 것이므로 진짜 이탈리아의 맛을 특정한 재료에 한정하는 것은 시대착오적이고 무의미하다고 주장한다. 흥미로운 것은 그녀가 이처럼 이탈리아 요리의 정체성에 대해 개방적인 태도를 보이면서도 미트볼 스파게티에 대해서만큼은 단호하다는 점이다. 미트볼 스파게티는 미국인들이 정통 이탈리안 요리를 왜곡한 결과라고.[1] 미트볼 스파게티의 정체는 대체 무엇인가?

  1880년에서 1920년 사이에 400만이 넘는 이탈리아인이 미국으로 이주했다. 대부분 시칠리아, 나폴리, 칼라브리아, 바실리카타를 포함한 남부 지방 사람들과 북쪽 제노바 사람들이었다. 이런 대규모 인구이동을 일으킨 요인 중 하나는 미국이 밀을 대량 재배하기 시작한 것이었다. 미국이 밀을 유럽으로 수출하면서 밀 농사를 짓던 이탈리아 농부들의 생업이 위기에 처했다. 그뿐만 아니라 이탈리아 레몬을 비롯한 시트러스, 견과류의 주요 수입국이던 미국이 캘리포니아와 플로리다에서 시트러스와 과일, 견과류 농장을 조성해 직접 재배하기 시작했다. 농사로는 생계유지가 어려워진 많은 사람이 미국으로 이주했고, 고향에 남은 이들은 새로운 살길을 모색해야 했다.

레몬과 오렌지를 수출할 수 없게 된 농부들은 그 대신 토마토를 재배해, 토마토 페이스트로 가공하고, 껍질 벗긴 토마토를 익혀 소스로 만들어 캔에 담아 팔기 시작했다. 또 밀을 가공하여 파스타를 대량 생산했다. 시칠리아에서 재배된 밀을 수출하는 대신, 수출용 파스타를 만드는 공장에 팔았다. 이탈리아 정부는 이때 올리브로 만든 상품의 확대를 도모했다. 토마토소스와 올리브오일, 파스타의 수출이 폭발적으로 증가했다. 바로 미국을 비롯해 남미와 캐나다에 정착한 이탈리아인들의 수요 때문이었다. 즉 이러한 '해외' 시장은 이민 간 이탈리아인들에 의해 형성되었다. 이탈리아 이민자들은 어디에 정착하든 이탈리아 음식을 수입하고 파는 사업을 했다. 일정한 급여를 받는 노동으로 경제적 여유가 생긴 이탈리아 이민자들 사이에서

고향에서 만든 토마토소스, 파스타, 올리브오일에 대한 수요는 폭발적이었다.[2]

　이민자들의 일상은 고달팠지만, 미국에서 자리를 잡으면서 경제적으로 형편이 점점 나아졌고 밥상도 풍요로워졌다. 고향에서는 명절에나 먹던 파스타, 고기, 치즈, 설탕과 커피가 일상적인 끼니의 일부가 되었다. 와인, 빵, 올리브오일에 토마토소스와 파스타를 아낌없이 더했다. 고기도 특별한 날에만 먹는 메뉴가 아닌 일상적인 메뉴가 되었다. 요리를 담당하던 여성들도 부족하고 변변치 않은 재료로 어떻게든 식구들을 위한 한 끼를 마련하는 데 머리를 짜낼 필요가 없어지자 맛있는 요리를 만드는 데 창의력을 집중했다. 동네에서 소문난 요리사가 되기 위해 너도나도 조용히 경쟁에 참여했다.

　그들은 안심이나 등심보다는 다짐육을 공 모양으로 빚어 미트볼을 만들었다. 당시 소고기의 질을 고려하면 가장 맛있게 먹을 수 있는 방법이었다. 다만 그 크기는 고향에서 먹던 비슷한 음식 폴페트보다 훨씬 커졌고 빵가루보다 고기가 훨씬 많이 들어갔다. 이탈리아에서 먹던 폴페트는 소고기뿐 아니라 칠면조, 생선 등 다양한 재료로 만든 골프공보다 좀 작은 것으로, 그 자체로 하나의 주요리로 먹거나 수프에 넣기도 했다. 그런데 이탈리아에서 폴페트는 토마토소스와 스파게티와 함께하지 않았다. 이탈리아에서 파스타와 미트볼의 조합이 얼마나 생소한 것인지는 1950년에 시칠리아의 한 요식업자가 쓴 회고록에 나타난다. 그는 회고록에 미국에 갔을 때 한 이탈리아 레스토랑에서 처음 먹어본 미트볼 스파게티에 관해 기록했는데, "매우 훌륭한 미국 별미 요리"라고 칭했다. 그 요리를 미국에서 이탈리아 요리라고 부르는 것을 보고 그냥 장난이라고 여겼을 정도였다.[3]

당시 미국의 이탈리아인들에게는 유일하게 구할 수 있는 이탈리아 식재료가 스파게티와 캔에 든 토마토소스였고 이 둘을 요리에 항상 사용했다. 미트볼을 고향의 맛인 이 둘과 함께 조합하여 주요리로 만들어낸 것은 어쩌면 당연한 일이 아니었을까? 미국인들은 이탈리아 사람들이 만드는 음식이니 당연히 어센틱한 이탈리아 요리로 여겼을 것이다. 이렇게 해서 미트볼 토마토소스 스파게티는 이탈리아 사람들이 미국 음식이라고 비웃는, 그러나 대부분의 세상 사람들에게는 더할 나위 없이 이탈리아 요리다운 요리가 되었다.

미국의 이탈리아 이민자들은 이탈리아에 사는 사람들과는 다른 지역적, 문화적 환경에 처해 있었고 그들의 음식은 그런 환경적 맥락에서 나온 것이다. 그들이 개발한 미트볼 스파게티는 굳이 따지자면 미국식 이탈리아 요리라고 할 수 있겠지만, 이 요리의 어센틱함을 따지는 것이 어떤 의미가 있을까?

네이티브 테이스터

어센틱함은 국가나 지역 이름으로 정체성이 규정되는 음식의 맛 경험에 중요하게 작용하는 요소다. 몇 해 전 새로 문을 여는 이탈리아 식당을 소개하는 기사 제목이 "진짜 이탈리아 맛 서울에도 있었네"였다. 여기에서 진짜 이탈리아 맛은 "본토인이 직접" 요리하는 데서 나온다. 그뿐만 아니라 정통의 맛을 지키기 위해 소시지류를 직접 만들어 쓰고 파스타도 직접 만든 생면 파스타를 사용하며 치즈나 올리브, 밀가루 등의 재료는 이탈리아에서 수입한 것을 사용한다고. 진짜 이탈리아 맛은 본토의 맛을 내는 재료와 그것들을 다룰 줄 아는 본토인 요리사의 손끝에서 나온다는 말인 셈이다.

잘 모르는 동네에서 점심 먹을 곳을 찾다가 베트남 식당을 발견한다. 메뉴는 흔한 쌀국수와 파인애플 볶음밥 등을 포함해 너덧 개다. 배도 고프고 시간도 많지 않으니 들어간다. 음식에 대해 특별한 기대는 하지 않는다. 그냥 요즘 곳곳에 생긴 베트남 식당과 다르지 않겠지. 가장 무난한 쌀국수를 시키고 식당 안을 둘러본다. 그런데 카운터 너머로 보이는 주방에서 베트남 말이 들린다. 음식에 대한 기대치가 올라간다. 이런 경험이 한 번쯤 있지 않은가? 베트남 현지인이 하는 요리라면 어센틱한 베트남 음식의 맛일 것이라고 여긴다.

'현지인'(이것도 많은 경우 추측에 불과하다) 요리사와 그 지역 음식의 어센틱한 맛을 연결하는 것은 우리가 가지고 있는 문화에 대한 보편적인 편향을 드러낸다. 문화는 그것이 태어난 곳의 사람들이 '원래' 주인이라는 생각이다. 네이티브 스피커는 어떤 언어권에서 태어나 그 언어를 자신의 주 언어로 사용하는 사람을 가리킨다. 해당 언어의 원래 주인이다. 한국인이 영어를 아무리 잘해도 네이티브 스피커에 가깝다는 소리는 듣지만 네이티브 스피커와는 구별된다. 어떤 표현이 맞는지에 대한 궁극적인 판단은 네이티브 스피커에게 맡긴다.

마찬가지로 음식의 맛에서 진정성을 평가할 권리는 그 음식이 속한 문화권 출신에게 우선으로 주어진다. '네이티브 테이스터'라고 할 수 있다. 네이티브 스피커가 그 언어에 대한 궁극적인 권위를 가지듯이 네이티브 테이스터는 맛에 있어서 궁극적인 권위를 갖는다.

우리나라에서 외국 정통의 맛을 내는 음식점과 함께 외국 문화를 소개한다는 취지로 여러 가지 미식 모임을 주관하는 등의 활동을 하는 회사가 있다. 그 회사 이름이 '잇센틱'인데 영어의 먹다eat와 진짜authentic를 합쳐서 만든 것으로 '진짜를 먹는다'라는 의미다. 한 인터뷰 기사에서 음식점을 선정하는 기준에 대한 그들의 답은 네이티브 테이스터에게 주어지는 맛에 관한 권위를 다시 한번 확인시켜준다.

"이탈리안 레스토랑을 예로 들면, 한국에 사는 이탈리아인들이 인정하는 곳 위주로 선정한다. 한국에 많은 이탈리안 레스토랑이 있지만 이탈리아인들은 절대 가지 않는 곳이 많다. 그들은 '이건 이탈리아 음식이 아니야'라고 생각하기 때문이다. 그들은 '이 음식점은 진짜다'라고 생각하는 곳을 간다. 그래서 선정 대상을 고를 때 대사관 직원이나 현지인들의 추천을 받는다."[4] 네이티브 테이스터의 권위가 음식 전문가나 미식가의 전문성보다 우선시된다.

우리는 어떤 지역 출신이라면 그 지역 음식의 맛을 온전히 알고 있으리라고 간주한다. 그런데 과연 특정 지역 출신이라면 누구든지 인지하는 객관적인 맛이 존재할까? 우리는 어센틱한 김치의 맛을 안다고 할 수 있을까? 일본에서 재일교포들이 만드는 김치, 중국 조선족의 김치, 세계 여러 곳에서 우리 동포들이 만들어 먹는 김치는 어센틱한 맛일까? 생각해보면 김치의 맛은 언제 어디서 먹든지 한 번도 똑같은 맛을 경험해본 적이 없는 듯하다. 자주 먹어본 김치에 관해서는 젓갈의 유무나 젓갈의 종류 등으로 어느 집, 누구의 김치인지 알 수는 있겠으나 그렇다고 해서 맛이 늘 같지는 않다. 매번 사용하는 배추나 무 맛이 일단 다르고, 고춧가루의 맛도 다르다. 배추나 무가 단맛이 많이 날 때도 있고 쓴맛이 날 때도 있다. 고춧가루의 맵기도 항상 똑같지는 않다. 그리고 발효 정도가 시시각각 변한다. '그 집 김치'라는 판단은 맛이 아니라 인지 가능한 특징 또는 '스타일'에 근거한 것이라고 해야 맞을 것이다. 김치 맛의 스펙트럼은 거의 무한하다. 한식을 대표하는 김치의 어센틱한 맛, 한국인만 알 수 있다고 간주되는 바로 그 김치의 맛은 이 무한한 맛의 스펙트럼을 뛰어넘는 상상의 맛이다. 전형적인 재료의 조합에서 만들어지는 플레이버로 김치의 정체성을 인지하는 것과 그 맛의 어센틱함을 평가하는 것은 다른 문제다.

음식인류학자 시드니 민츠Sidney Wilfred Mintz는 음식의 정체성을 국적으로 분류하는 것이 부적절하다고 논한다.[5] 음식은 국가가 아닌 지역의 특성으로 규정된다는 것이다. 음식은 특정한 지역에 뿌리를 둔다. 음식은 특정 지역에서 쉽게 얻을 수 있는 먹거리들에 따라 개발되고 발전하기 마련이고, 해당 지역에 사는 사람들은 그런 먹거리들을 어떻게 맛있는 음식으로 만들지에 대해 잘 알고, 그 먹거리들의 맛에 익숙하고, 또 어떻게 조리하고 어떤 재료들과 조합해야 맛있는 요리가 되는지를 안다. 이처럼 지식과 맛에 대한 담론이 형성되면서 특징적인 음식문화가 발전한다. 이런 지역적 특성은 국가적 특성과 일치하지 않는다. 지역은 자연환경과 기후 등에 따라 나뉜 데 비해 국가는 정치적 산물이다. 한 국가 안에 다양한 지역 음식이 있고, 반대로 다른 국가에서 같은 지역적 특징을 가진 음식을 공유한다. 어떤 음식의 어센틱한 맛을 특정 국가나 민족의 고유한 특성으로 규정하는 것은 실체가 없는 상상된 맛을 정치적 공동체의 정체성을 공고히 하는 수단으로 사용하는 것이다.

특정 지역의 음식도 사실 공통적인 식재료나 향신료를 사용하는 것으로 그 특징을 분류할 수는 있지만 집집마다 먹는 음식을 자세히 살펴보면 사실 다 다르다는 것을 알 수 있다. 우리는 실체를 파악할 수 없는 어센틱한 맛을 들어간 재료나 요리한 사람 등 눈에 보이는 요소에 기대어 증명하려고 하지만, 이런 요소도 그 어센틱함을 보장할 수는 없다.

맛의 세계화

사람들은 끊임없이 국경을 넘나들고 고향의 맛과 레시피도 사람들과 함께 옮겨 다닌다. 익숙한 것과 이국적인 것이 만나고 섞인다. 고향의 맛을 내기 위해 이리저리 실험해보고 새로운 재료로 부족한 것을 채우기도 하고 더욱 풍요로운 맛을 창조해내기도 한다. 그리고 그렇게 변주된 맛은 다시 고향으로 옮겨가기도 한다. 그러면서 많은 음식이 '세계화'되어 지구촌 곳곳에서 다양한 맛으로 여러 사람의 혀를 즐겁게 한다.

파스타는 가장 세계화된 음식 중 하나다. 우리나라에서도 어느 도시든 웬만한 규모의 쇼핑센터가 있는 번화가라면 김밥이나 떡볶이만큼 쉽게 찾을 수 있는 메뉴가 파스타다. 심지어 김밥과 떡볶이를 파는 분식점에서도 가끔 한두 가지 파스타를 발견할 수 있고, 카르보나라 떡볶이도 있다. 넷플릭스에서 여러 나라에서 제작한 다양한 장르의 드라마들을 보다가 발견한 한 가지 공통점이 있는데, 바로 극중 인물 중 누군가가 요리를 할 때 파스타가 단골 메뉴라는 것이다. 무라카미 하루키村上春樹의 파스타 사랑은 또 어떤가. 알리오 올리오는 이제 요리 좀 한다는 사람들에게는 입문용 메뉴다. 코로나 팬데믹으로 전 세계가 봉쇄 중일 때 파스타 소비가 눈에 띄게 늘었다는 통계도 있다. 우리가 파스타라고 칭하는(면 자체가 아닌 파스타 면을 이용한 요리를 칭하는) 그것은 여행, 이민, 농업과 산업의 발전과 변화, 무역, 그리고 개인의 창의성을 통해 끊임없이 진화하는 음식이다.

미트볼 스파게티도 카르보나라 스파게티도 여전히 진화 중이다. 내가 좋아하는 미트볼 파스타는 꽤 오래전에 알게 된 이탈리아인 셰프 젠나로 콘탈도Gennaro Contaldo의 레시피다. 미트볼을 기름에 튀기지 않고 만두처럼 촉촉하게 쪄서 링귀니와 함께 낸다. 원조 미트볼 레시피라면서 그가 알려준 미트볼은 소고기와 돼지고기 간 것에 소금, 후추, 다진 고추, 다진 마늘, 물에 불린 빵가루, 파슬리, 올리브오일을 넣어 잘 섞은 후 방울토마토 크기로 빚은 것이다. 그러고 나서 접시에 올리브오일과 끓는 물을 붓고 미트볼을 담은 후 또 다른 접시로 덮고 물이 끓고 있는 냄비 위에 올려 익힌다. (나는 좀 더 간편한 방법을 이용하는데, 팬에 물과 올리브오일을 좀 넣고 달군 후 미트볼을 넣어 굴려가며 익힌다. 그리고 여기에 삶은 파스타를 바로 넣는다.) 미트볼이 다 익으면 접시를 내려놓고 그 물에 링귀니를 넣고 삶는다. 뜨겁게 달군 프라이팬에 미트볼과 접시에 자작하게 고인 국물을 모두 붓고 잠깐 섞은 후, 불을 끄고 링귀니를 넣고 섞는다. 불을 다시 켜고 갈아놓은 파르메산 치즈를 넣고 모두 섞고 불을 끈다. 접시에 옮긴 후, 다진 파슬리, 파르메산치즈, 후추를 좀 더 넣고 마지막으로 루콜라를 한 줌 올리면 완성이다.

우리 동네에 최근 문을 연 대기업에서 론칭한 이탈리아 식당에서는 또 다른 모습의 카르보나라를 선보인다. '이탈리아 가정식'을 표방하며 더 구체적으로 '이탈리아 작은 항구마을의 식당'이라는 콘셉트를 내세워 홍보하는 곳인데, 이 식당의 메뉴에는 '에그 카르보나라'가 있다. 이 카르보나라는 달걀프라이와 진한 크림소스, 그리고 카사레체(면 형태가 아닌 짧은 파스타의 일종)를 사용한다. 내가 아직 경험해본 적이 없는 카르보나라다. 간혹 볶음국수에 달걀프라이를 올려서 먹으면서도 카르보나라에 달걀프라이를 올릴 생각은 왜 하지 않았을까? '진짜 맛'보다 새로운 맛에 대한 탐험이 훨씬 흥미롭고 설렌다.

탄수화물의 맛

성명훈

인류의 주식, 탄수화물

우리는 매일 약 1.5~2kg의 음식을 먹는다. 이 음식의 절반 이상이 탄수화물이고, 25% 정도가 지방, 15% 정도가 단백질이다. 그런데 우리 몸은 대부분이 물(60~70%)이고, 단백질과 지방, 그리고 약간의 탄수화물로 이루어져 있다. 탄수화물은 1% 이하로 매우 적다. 이렇게 우리 몸의 구성 성분으로 보면, 몸무게가 50kg이라고 할 때 탄수화물은 약 500g에 불과한 매우 작은 양이지만, 우리는 탄수화물을 가장 많이 먹는다. 우리가 먹는 음식물이 모두 살로 변한다면, 매일 1.5kg씩 체중이 늘어야 할 것이다. 하지만 그렇지 않은 것은 우리 몸이 산소를 이용해 에너지원을 태워 소비하면서 살아가기 때문이다. 우리가 섭취하는 음식 대부분은 신체의 세포와 장기가 활동하는 데 필요한 에너지로 쓰인다. 이때 즉각적인 에너지원으로 가장 흔히 쓰일 수 있는 것이 당분이다. 우리가 매일 먹는 탄수화물의 기본 구성 성분은 포도당이고, 탄수화물이 소화되어 포도당으로 분해되어 에너지로 쓰인다.

UN의 식량농업기구(FAO)에 따르면, 전 세계에서 우리가 에너지를 얻기 위해 섭취하는 식품의 90%를 15가지 식물이 제공하고 에너지의 3분의 2 이상이 쌀, 밀, 옥수수, 감자에서 나온다.[6] 이들이 인류에게 가장 중요한 에너지원인 탄수화물을 공급하는 주된 원천인데, 재료와 기후, 자연환경, 문화에 따라 밥,

떡, 빵, 면과 같은 형태로 각지에서 탄수화물을 섭취하는 주식이 발달했다.

이탈리아인들의 주식인 파스타는 면의 형태지만, 우리의 국수와 재료가 조금 다르다. 우리의 국수는 대부분 밀, 메밀, 쌀, 감자 등의 곡물로 만들어지지만, 파스타는 밀가루나 약간 황색을 띠는 듀럼 밀durum wheat 가루에 물과 달걀을 섞어서 만든다. 파스타를 요리했을 때 약 60%는 수분이고, 30%는 녹말의 형태를 가진 탄수화물, 5%가 단백질, 약 1%가 지방질이다.

음식물에 존재하는 탄수화물이 몸에 흡수되면 혈당을 높인다. 탄수화물을 섭취한 후에 혈당이 상승하는 정도를 혈당지수glycemic index라고 하는데, 이 지수가 높으면 혈당이 빠르게 상승한다는 뜻이다. 혈당이 빠르게 상승하면, 혈당을 조절하는 호르몬인 인슐린도 과잉 분비되기 쉽다. 파스타는 우리가 흔히 먹는 빵, 밥, 감자보다 혈당지수가 낮은 편이다.

맛과 플레이버를 만드는 과학

김이 모락모락 오르는 흰쌀밥을 보면 저절로 입안에 침이 고이고, 밥맛에 대한 기대감이 부풀어 오른다. 쌀밥에도 탄수화물만 있는 것이 아니고, 단백질, 지질, 섬유질 성분도 있다. 쌀의 도정된 상태에 따라 영양 성분의 구성이 조금씩 다르지만, 쌀에 가장 많은 영양 성분은 당분이다. 현미보다 백미에 당분이 더 많고 단백질은 조금 적다.

이 당분의 대부분은 전분(녹말)이다. 생쌀에 있는 전분은 인체 내에서 거의 소화되지 않지만, 열을 가해 조리된 밥은 체내에서 소화되어 포도당으로까지 분해될 수 있다. 쌀로 밥을 지으면 함유된 수분의 양이 늘면서 무게 대비 70~75%에 달하던 당분이 30~35% 정도로 상대적으로 줄어든다. 쌀 한 톨 크기도 밥이 되면 약 2.5배 커진다. 쌀에 적당량의 물을 붓고 가열하면 전분이 부피가 늘어나고(팽윤) 점성도가 증가하여 쫄깃쫄깃하면서 부드러운 밥이 되는데, 이를 화학적으로 호화gelatinization라고 한다. 호화된 전분은 소화 과정을 통해 포도당으로 분해되면서 1g당 약 4kcal의 열량을 낸다.

빵의 주재료인 밀에는 쌀에 비해 감칠맛을 자극하는 글루탐산이 더 많이 함유되어 있다. 같은 빵이라고 해도 흰 빵이나 통밀 빵에 비해 크루아상은 버터를 다량 사용하기 때문에 지방 함량이 상대적으로 높은데, 지방 성분은 입안에서 감촉을 좋게 하고 고유의 맛감각도 줄 수 있다. 카스텔라는 설탕이나 꿀이 첨가되어 당분 함량이 매우 높다. 밥에 비해서 빵이 여러모로 더 유혹적이다.

빵집에 발을 들여놓는 순간, 혹은 빵집 앞을 지나기만 해도 빵 냄새가 우리 코를 황홀하게 한다. 빵을 구우면 겉면이 노릇노릇 갈색으로 변하면서 특별한 플레이버가 더해지는데, 이처럼 음식물이 열에 의해 갈변화되는 것을 마이야르 반응이라고 한다. 갈변화 현상으로 캐러멜화 반응caramelization도 있다. 마이야르 반응과 캐러멜화 반응은 육안으로 보기에는 비슷한 갈색 반응이지만, 별개의 현상이다. 둘 다 열이 가해짐으로써 일어나지만, 마이야르 반응은 아미노산과 당분이 함께 반응하는 것이고, 캐러멜화 반응은 당분의 열분해를 통한 갈변 반응이다. TV 시리즈 〈오징어 게임〉 속 '달고나'가 바로 순수 설탕에 열을 가해서 일어나는 캐러멜화 반응의 결과다. 이와 달리 마이야르 반응은 빵을 구울 때 밀가루의 탄수화물과 아미노산이 열에 의해 산화되면서 일어나는 현상이다. 여기서 산화가 끝까지 진행되면 이산화탄소와 물, 그리고 탄소 덩어리인 그을음만 남는데, 마이야르 반응은 노릇한 갈색에 특유의 향을 더하는 화합물이 만들어지는 단계까지만 산화가 진행되는 것이다. 빵은 탄수화물이 주는 단맛과 함께 마이야르 반응에 의한 풍성한 플레이버와 제각각의 독특한 식감으로 우리를 유혹한다.

우리 몸이 단맛에 끌리는 이유

사람이 당분에 끌리는 이유는 이것이 즉시 사용될 수 있는 에너지원이기 때문이다. 실제로 섭취하는 양도 여러 영양소 중 단연 최고인데, 우리는 그만큼 당분을 찾고, 당분에 탐닉한다.

체중 조절을 위해 단 음식을 멀리하려는 사람의 몸도 사실상 내내 단것을 원한다.

특별한 활동을 하지 않아도 우리 몸은 지속적으로 에너지를 소비하기 때문에 시간이 지나면 배가 고파진다. 당분은 쉼 없이 에너지로 소비되기 때문에 즉각적이며 지속적으로 먹어서 보충해야 한다. 탄수화물은 우리 몸의 구성 성분으로 볼 때는 매우 작은 부분이지만, 생명을 유지하기 위해서는 끊임없는 섭취가 필요한 에너지원이기 때문에 가장 중요한 영양소다. 예를 들어 우리의 뇌는 전적으로 포도당을 에너지원으로 쓴다. 몸속의 신진대사와 심장, 신장 등 여러 장기가 활동을 하는 데도 끊임없이 에너지가 쓰인다.

음식물에 탄수화물, 즉 당분이 존재한다는 것을 알리는 맛이 바로 감미甘味 sweetness, 즉 단맛이다. 그래서 단맛은 태어날 때부터 누구나 좋아한다. 살기 위해서 우리는 탄수화물을 먹어야 하기 때문이다. 물론 탄수화물은 종류도 다양하며 그 단맛도 각기 다르다.

단맛을 내는 당분에는 포도당, 과당, 갈락토오스galactose 같은 단당류, 설탕(포도당과 과당이 1:1로 결합)이나 젖당lactose(포도당과 갈락토오스가 1:1로 결합), 맥아당(포도당 2개가 결합) 등의 이당류가 있다. 그리고 포도당이 코일 모양으로 결합한 것을 전분이라고 하고, 직선으로 쭉 이어진 것을 셀룰로오스cellulose라고 한다. 우리가 먹은 녹말은 위와 소장에서 소화가 되면 전부 포도당으로 바뀌고, 설탕은 분해되어 포도당과 과당이 1:1로 나온다. 녹말은 포도당으로만 이뤄졌지만, 크기가 너무 커서 녹말 자체로는 맛이 없고 포도당으로 분해된 뒤 단맛을 준다. 그런데 포도당과 과당이 합해진 설탕은 포도당보다 더 달다.

설탕의 단맛을 강도 1이라고 할 때, 같은 양의 순수한 포도당은 강도 0.7, 과당은 1.8이다. 그래서 설탕 대신 과당을 쓰면 같은 정도의 단맛을 유지하면서 당의 함량을 줄일 수 있으며, 섭취하는 칼로리도 낮출 수 있다.

과당이 단맛을 강하게 주는 장점이 있지만, 포도당과 달리 과하게 섭취하면 신진대사 과정에서 몸에 큰 부담을 줄 수 있다. 과당은 에너지원으로 직접 활용되지 못하고 간에서 대사되는데, 과하게 섭취할 시 혈당 조절 메커니즘에 이상이 생기고 체지방이 늘어 비만, 당뇨병, 심혈관계 질환 등이 생길 위험이 높아진다. 과당은 그 이름대로 과일에 많고, 대부분의 가공식품에서 단맛을 내기 위해 사용된다. 과일을 그대로 먹으면 섬유질과 함께 섭취되기 때문에 상대적으로 과당 함량도 적고 섬유질 때문에 흡수 속도도 늦어져 이상 작용이 덜한 편이지만, 가공식품에 사용되는 농축 과당은 이런 위험을 안고 있다.

한편 열량 없이 단맛을 주는 물질을 찾으려는 노력도 많다. 지금까지 알려진 가장 단맛을 강하게 주는 물질은 루그두남으로, 설탕보다 무려 20만~30만 배 단맛이 강하다고 한다. 잘 알려진 사카린은 설탕의 약 300배, 아세설팜칼륨이나 아스파탐은 약 200배 정도 단맛이 세다. 물론 여기서 사카린이 설탕보다 300배 더 달다는 말이 설탕과 같은 수준의 단맛을 내기 위해 사카린이 설탕의 300분의 1만 있으면 된다는 뜻이 아니다. 이는 물에 사카린을 넣었을 때 처음으로 단맛이 느껴지는 농도(역치)가 설탕의 경우보다 300분의 1이라는 뜻이다. 즉 사카린은 설탕에 비해 단맛의 역치가 훨씬 낮다는 말이고, 다시 말해서 매우 낮은 농도에서도 단맛을 느낄 수 있다는 뜻이다. 사카린의 농도에 비례해 단맛이 강해진다는 뜻은 아니다. 그러면 이 당분은 어떻게 몸에서 감지되는 것일까?

단맛수용체의 비밀

2001년, 포유동물에서 단맛을 감지하는 수용체가 T1R2, T1R3라고 불리는 두 가지 단백질의 결합으로 이뤄져 있음이 밝혀졌다. 맛을 감지하는 단맛, 감칠맛, 쓴맛수용체는 G단백결합수용체의 구조를 가진다. 수용체의 세포외부분이 미각 물질과 결합하면 수용체 모양이 변형되고, 이와 연결된 세포내부분의 단백질 형태가 변하면서 세포 속으로 일련의 연쇄반응을 일으킨다.

　미각수용체 중 쓴맛수용체는 사람에 따라 조금씩 다른 모양으로(현재까지 총 25가지가 밝혀졌다) 다양한 쓴맛을 감지하게 되어 있다면, 단맛수용체는 단 한 가지 모양이다. 단맛수용체가 속한 제1형 미각수용체 유전자군에는 T1R1, T1R2, T1R3 라고 하는 세 가지 유전자가 있다.[7] 이 유전자로부터 만들어지는 단백질 중 T1R2와 T1R3가 결합되어 단맛수용체 T1R2/T1R3를 이룬다. 이 두 단백질 결합체의 세포외부분이 넓은 주걱 모양처럼 생겨서, 단맛 물질들이 결합하는 자리를 만들어준다. 이 수용체는 자연당(단당류, 이당류)과 광범위한 당 대체제sugar substitute들과 반응한다. T1R1과 T1R3로 이루어진 T1R1/T1R3 복합체는 MSG에 반응하는 감칠맛수용체다.

T1R2/T1R3 수용체가 모든 단맛 물질과 반응한다면, 설탕이든 인공 당 대체제든 모든 단맛 물질이 동일한 단맛을 만들어낼 것이다. 그렇지만 사카린이나 아스파탐 같은 인공 당 대체제는 설탕과 똑같은 맛을 주지 않는다. 사카린은 달기도 하지만 약간 쓴맛도 나는데, 단맛수용체를 자극하지만 다른 수용체와도 반응하기 때문이다. 인공 감미료 아세설팜칼륨은 대개 혀 점막의 단맛수용체에만 결합하여 달콤한 맛을 주지만, 어떤 사람에게서는 쓴맛수용체에도 결합해 달콤한 맛과 함께 쓴맛도 느끼게 한다. 그리고 당 대체제들은 시간에 따라 단맛이 느껴지는 강도가 설탕과 다르다. 아스파탐은 단맛의 여운이 오래 가지만, 단맛이 오래 남으면 사람에 따라 불쾌하게 느낄 수도 있다. 감초에 들어 있는 글리시리진은 단맛의 뒤끝이 매우 길다. '약방의 감초'라는 말이 생긴 것이 많은 한약에 감초가 흔하게 쓰이기 때문일 터인데, 아마도 한약의 쓴맛을 단맛의 긴

여운으로 달래주는 효과도 감초가 널리 쓰이게 된 이유 중 하나일지도 모른다.

다이어트나 당 섭취를 제한할 필요가 있는 사람들을 위해서 칼로리가 없는 음료수도 일찍부터 개발되었지만 약간 다른 뒷맛 때문에 이를 꺼리는 사람도 있다. 그러나 최근 인기를 얻는 제로콜라는 인공 당 대체제들을 잘 조합해서 설탕과 상당히 비슷한 단맛을 준다. 설탕보다 단맛 지속 시간이 짧은 아세설팜칼륨과 이보다는 좀 더 긴 아스파탐을 적당한 비율로 섞어 설탕에 가까운 단맛을 낸 것이다.

동물도 맛을 알까?

동물을 초식동물, 육식동물, 잡식동물로 나눌 때 먹이사슬에서 가장 꼭대기에 자리한 포식자는 당연히 다른 동물을 먹이로 삼는 육식동물이다. 인간은 최상위 포식자로 극단적인 잡식동물이다. 그런데 육식동물은 고기 맛을 알고 즐기는 것일까? 혹시 우리 인간처럼 감칠맛을 느끼고 좋아할까? 육식동물은 탄수화물을 감지하는 단맛을 알까?

단맛수용체(T1R2/T1R3)와 감칠맛수용체(T1R1/T1R3)는 제1형 미각수용체 그룹에 속하고, 이를 구성하는 세 가지 단백질 구조 중에 공통적으로 T1R3를 공유한다.

동물들의 단맛수용체는 생태계에 따라 독특한 패턴을 보인다. 육식동물의 대표 격인 고양잇과 동물들은 단맛수용체의 기능이 없다. 우리와 가까이 지내는 고양이를 비롯해서 사자, 호랑이 등 모든 고양잇과 포식동물들은 단맛수용체(T1R2/T1R3) 유전자 중 T1R2 유전자가 '위유전자화$_{pseudogen}$'되어 기능을 잃었다. 다시 말해 유전자는 있지만 그 기능이 꺼져 있어 단맛을 느끼지 못한다. 고양이들은 단것을 밝히지 않는다. 고양잇과 동물을 포함해서 수달, 점박이 하이에나나 바다사자, 돌고래, 흡혈박쥐 등은 모두 T1R2가 기능을 하지 않아서 단맛을 느끼지 못한다. 이는 단맛을 알아내는 능력이 장시간의 진화 과정을 통해 상실되어왔음을 시사한다. 육식동물은 단맛을 통해 에너지원인 당분을 확인할 필요가 없기 때문이다. 생물학자들은 각 동물 종이나 공통 조상이 육식만 하는 습성으로 변화할 때 이 돌연변이가 발생했고, 이 돌연변이가 후세로 이어졌을 것으로 추측한다.

　그런데 판다는 육식동물에 속하지만, 실제로 그들의 식단은 99%가 대나무 순이고, 거의 절대적인 초식 습성을 가지고 있다. 고양잇과 동물이 단맛을 느끼지 못하는 것과 달리 판다는 T1R1이 위유전자화되어 감칠맛을 느끼지 못한다. 판다에게서 감칠맛 기능이 소실된 것은 판다가 육류에 의존하지 않는 현상과 잘 합치되는데, 판다의 유전자 변화와 먹는 습성이 육식에서 초식으로 바뀐 시기의 화석 기록과도 잘 일치한다는 것이

발견되었다.[8]

판다와 달리 말과 소는 흥미롭게도 초식성인데도 감칠맛수용체를 구성하는 기능성 T1R1을 가지고 있다. 감칠맛 자극에 반응한다는 뜻이다.[9] 반면 수중 포유동물인 돌고래와 바다사자 계통은 감칠맛수용체의 구성요소인 T1R1과 T1R3가 모두 위유전자화되었다.

또 다른 예로 조류를 보자. 조류는 계통적으로 육식성 먹이를 먹던 공룡의 후예다. 2004년 조류 중 닭의 유전자 전체 염기 서열이 가장 먼저 밝혀졌다. 매우 이상하게도 단맛을 감지하는 수용체 유전자인 T1R2가 존재하지 않았다. 닭은 단맛을 느끼지 못하는 것으로 보였다. 이어서 곤충, 꿀, 과일 등을 주로 먹는 서로 다른 식성을 가진 조류 10종의 제1형 미각수용체 유전자를 조사해보니, 모두 T1R2가 없고, T1R1, T1R3는 온전하게 유지하고 있는 것이 확인되었다. 즉 단맛에는 무감각하지만, 감칠맛은 느낄 수 있는 것이었다.

그런데 희한하게도 남아메리카에 서식하는 벌새는 단것만을 찾는다. 이들은 크기가 1cm 내외의 아주 작은 새인데, 초당 수십 번에 이르는 매우 빠른 날갯짓을 하면서 꽃에서 꿀을 찾는다. 그토록 빠른 날갯짓을 하려면 그 작은 몸에서 얼마나 많은 에너지가 필요할지 상상해보시라. 벌새는 지구상의 동물 중 가장 기초대사율이 높은 생명체다. 벌새는 곤충도 잡아먹기는 하지만, 당분을 통해 엄청난 양의 에너지를 만들어낸다. 다른 조류와 마찬가지로 감칠맛수용체인 T1R1/T1R3만 있고 단맛수용체는 없음에도, 벌새는 꿀물을 찾아다닌다. 상황이 이렇다 보니 세간에서는 벌새가 새인지 벌인지를 두고 논쟁이 있을 정도였다. 하지만 이런 오해가 최근에야 풀렸다. 벌새의 감칠맛수용체가 단맛까지 잘 감지하도록 특수하게 재조합되었다는 사실이 밝혀진 것이다.

그에 비해 잡식성 동물은 다양한 미각수용체를 발달시키고 유지해서 다양한 맛을 구별하는 경향을 보인다. 예를 들어 쓴맛수용체 유전자를 보면 닭은 3개, 고양이는 12개, 잡식성의 설치류는 35개의 다른 종류 유전자를 가진다. 인간에게는 기능하는 쓴맛수용체 유전자가 25가지 있다.

이처럼 동물의 식생활 차이는 맛감각 기능에도 반영되어 맛을 느끼는 유전자가 소실되거나 변형되는 일이 드물지 않다. 우리가 보는 동물의 식성과 미각 시스템의 특징을 가져오는 사건의 관계가 항상 설명되지는 않지만, 제한된 범위의 식생활을 하는 동물들은 그에 맞게 맛감각도 진화하고 퇴화해서 보다 제한된 범위의 맛을 느끼는 것으로 보인다.

엄마 젖은 별로 달지 않다

아기가 태어나서 처음으로 맛보는 음식은 엄마의 젖이다. 엄마 젖은 일종의 완전식품으로, 아기에게 필요한 모든 영양소를 가지고 있어 이유식을 시작하기 전까지 유일하게 먹을 수 있는 아기의 주식이다.

이 엄마 젖에는 특별한 형태의 당분이 있다. 모유 속의 당분은 단순 포도당이나 포도당 두 개를 결합한 맥아당, 포도당과 과당이 결합된 설탕이 아니라, 포도당과는 입체적인 모양이 조금 다른 갈락토오스와 포도당이 결합된 젖당이라고 하는 특이한 탄수화물이다. 이 젖당의 당도는 설탕의 약 5분의 1에 불과하다. 그리고 성인은 이 젖당을 잘 소화하지 못한다. 가장 맛있어야 할 엄마 젖에 단맛이 나고 에너지로 즉각 사용할 수 있는 포도당이나 설탕이 아니라 그리 달지 않은 젖당이 있는 이유가 무엇일까?

젖당을 통해 아기에게 에너지원을 전달하려면 우선 엄마는 젖샘에 젖당을 합성하는 기능을 가져야 하고, 갓난아기는 엄마 젖 속의 젖당을 분해하는 능력을 갖춰야 한다. 아기의 소장에는 이 젖당을 분해하는 '락테이스'라고 하는 효소가 있다.

또한 젖당은 모유가 함부로 감염되지 않도록 한다는 점에서 매우 중요한 의미가 있다. 이 세상에는 포도당을 사용해 번식하는 세균과 효모가 매우 많지만, 젖당을 통해 번식하는 세균은 몇 종류 되지 않는다. 엄마의 젖샘은 감염 가능성이 적은 젖당을 생산해 아기에게 전달해줌으로써 감염으로부터 모유와 아기를 지키는 방어술을 가진 것이다.

대부분의 포유동물은 이유가 끝나고 어미로부터 독립해 스스로 먹이를 찾게 되면, 락테이스의 분비량이 점차 줄어들다가 아예 없어진다. 젖당분해효소가 없어진 성인이 발효되지 않은 생우유를 마시면, 우유 속의 젖당이 소장에서 소화되지 않고 결장으로 넘어간다. 그러면 대장의 장내세균이 젖당을 분해하면서 가스를 발생시키고 설사, 경련 등이 일어난다. 젖당이 들어 있는 생우유를 먹어도 문제가 없는 사람이라면, 성인이 되었어도 락테이스를 생산하는 유전자 기능을 유지하고 있는 것이다.

　이처럼 이유기 이후에 젖당분해 능력이 없어지는 현상은 대부분의 포유동물에서 공통적이다. 하지만 인간은 포유류에 보편적인 젖당분해효소 결핍 현상을 두 가지 경로로 극복했다. 인류 조상의 일부에서 젖당 소화를 계속할 수 있는 돌연변이가 생겨났고, 비슷한 시기에 발효라는 요리 방법의 발견으로 젖당이 없는 요거트나 치즈를 먹을 수 있게 된 것이다.

　약 1만 1,000년 전 서남아시아에서 소와 양을 가축하기 시작했지만, 거기서 나온 젖은 그대로 먹기 어려웠을 것이다. 그때까지 인간 성인에게 우유는 식품이 아니라 배탈을 일으키는 독성물질이나 마찬가지였을 것이다. 그러다 약 7,500년 전, 코카서스산맥 지역 사람들이 우유를 발효해서 요거트를 만드는 방법을 발전시켰고, 이 지역과 중부 유럽 지역 사람의 일부에서 성인이 된 후에도 젖당을 분해할 수 있는 기능을 유지하는 돌연변이가 생겼다.[10] 그 후 수천 년이 지나면서 이 효소 생산을 조절하는 유전자 돌연변이가 유럽 지역으로 점점 퍼져나갔고, 평생에 걸쳐 효소를 만들 수 있는 사람, 즉 성인이 되더라도 우유를 마실 수 있는 사람들이 증가하게 되었다. 유럽과 백인계 미국인 중에는 젖당을 분해하는 효소를 유지하는 사람이 많다. 반면 동양인은 젖당을 잘 소화하지 못하는 젖당불내성lactose intolerance을 보이는 사람이 훨씬 더 많다. 한국인은 약 75%가 젖당불내성을 보인다.

플레이버와 정체성

정소영

고기 요리의 본질은 양념에 있다

개성 있는 음식점들이 모이면서 '핫 플레이스'로 유명세를 치렀던 서울 이태원 경리단길에서 이름을 딴 '~리단길'은 동네마다 맛집들이 모여 있는, 특히 새로이 부상하는 '뜨는' 상권에 붙이는 별칭이 되었다. 얼마 전 부산 해운대에 갔을 때는 오래된 주택들이 감성 넘치는 카페와 식당으로 변모하고 있는 동네에서 아예 '해리단길'이라고 쓰인 대문짝만 한 표지판을 만났다. 주민등록증에 본명이 아닌 별명을 적어놓은 것 같아서 웃음이 나왔다.

우리 동네에도 '~리단길'이라 불리는 곳이 있다. 거의 매주 새로운 식당과 카페가 생기는 곳이다. 식당의 종류도 매우 다양하다. 한식은 물론 베트남, 태국, 홍콩, 이탈리아, 멕시코 등 세계 곳곳의 음식이 있다. 그런데 저녁에 이곳을 압도하는 냄새는 고기 굽는 냄새다. 숯불구이 식당, 버거 전문점에서 나오는 냄새뿐 아니라 각 식당에서 각기 다른 메뉴를 위해 굽는 고기 냄새가 합쳐진 총체일 터이다. 멕시코 음식점에 가야지, 초밥을 먹어야지, 하고 미리 정해놓은 계획 없이 무얼 먹을까 하고 어슬렁거리다 보면 머릿속에서는 어느새 몇 가지 고기 메뉴로 후보 목록이 축소된다.

고기 굽는 냄새의 강력한 유혹은 마이야르 반응 때문이다. 탄수화물과 단백질이 약간의 수분과 열과 만나 반응하면 마법

같은 냄새를 발산한다. 구운 고기뿐 아니라, 빵의 바삭한 겉면, 볶은 커피 원두, 색이 진한 맥주의 매혹적인 향은 모두 마이야르 반응 덕이다. 나는 단연코 말랑말랑한 흰 식빵보다 토스터에 적당히 갈색이 나도록 구운 바삭한 식빵이 좋고, 육회보다는 구운 고기가 좋다. 심지어 동물들도 구운 고기를 맛본 후 날고기보다는 구운 고기를 선호했다는 연구결과가 있다. 고기 굽는 냄새가 나의 저녁 메뉴 결정에 지대한 영향을 미치는 것을 피하기는 어렵다.

일단 고기를 먹기로 정하고 나면 다음으로 어떻게 요리한 것을 먹을지 정해야 한다. 숯불 돼지갈비, 철판에 구운 담백한 생고기, 두툼한 패티를 끼운 버거, 숯불에 구운 고기를 얹어주는 베트남식 덮밥, 두툼한 스테이크, 햄버그스테이크… 이 단계는 고기 요리의 정체성과 관련된 단계다. 요리의 정체성은 한식, 베트남 음식처럼 국가적 분류나 한식, 양식처럼 포괄적인 분류와 연결된다. 어떤 요리를 먹을지 선택할 때 이러한 분류는 내가 어떤 맛, 어떤 플레이버를 원하는지와 관련이 있다. 나에게 고기 요리의 정체성은 고기의 부위나 고기를 어떻게 손질하는가보다 어떻게 양념하는가에 달려 있다는 말이다.

갈비 하면 그 익숙한 간장과 설탕 맛에, 으레 함께하는 상추무침 같은 반찬에 쓰이는 고춧가루와 참깨 같은 익숙한 플레이버의 조합이 떠오른다. 베트남 숯불구이덮밥은 간장과 설탕의 맛이 갈비와 비슷하지만, 곁들이는 향이 짙은 허브와 신맛이

도는 달짝지근한 소스가 갈비와는 전혀 다른 플레이버를 낸다. 버거는 패티 자체는 특별한 양념 맛이 두드러지지 않아도 진한 고기 향이 번 안에 함께 끼워진 치즈, 채소와 소스(식당마다 사용하는 종류가 다른)와 어우러져 구별되는 플레이버를 만든다. 햄버그스테이크는 오묘하면서 자꾸 당기는, 고기 위로 넉넉히 끼얹어주는 데미글라스소스의 맛이 특유의 플레이버로 떠오른다.

플레이버 원칙

특정한 맛과 향의 조합으로 만들어지는 플레이버는 특정 국가, 민족 또는 지역의 음식을 구별하는 특정한 '맛'으로 인식되는데, 그 플레이버가 다양한 요리에 오랜 역사를 거쳐 지속해서 사용되었기 때문이다. 이렇게 지역마다 특정한 플레이버가 발달한 현상을 연구한 역사학자 엘리자베스 로진Elizabeth Rozin과 심리학자 폴 로진Paul Rozin은 특정한 맛과 향의 조합을 '플레이버 원칙flavor principles'이라고 칭한다.[1] 그리고 그 특정한 맛과 향의 조합의 일관되고 보편적인 사용이 '미각적 주제gustatory theme'를 형성한다고 설명한다. 장르가 다른 영화를 보고 사랑이나 권선징악 같은 주제를 알아보듯이, 다른 요리를 먹었을 때 이 요리들을 관통하는 하나의 주제로 플레이버를 알아차릴 수 있다는 의미다. 다시 말하면, 미각적으로 플레이버를 통해 어느 지역의 음식인지 인지할 수 있다는 뜻이다.

플레이버 원칙을 구성하는 특정한 맛과 향의 조합은 '갖은 양념'이라는 말로 이해할 수 있다. 조리법에 갖은양념을 넣어 버무리라고 쓰여 있으면 당혹스럽다. 그런데 우리나라 사람이라면 갖은양념이 간장, 설탕, 고춧가루, 파, 마늘, 생강, 참기름 등을 말한다는 정도는 알 것이다. 간장을 얼마나 넣어야 하는지, 마늘은 얼마나 넣어야 하는지는 모른다 해도, 갖은양념이라는 말을 듣고 큐민, 고수, 오레가노 같은 향신료를 상상할 사람은 없을 것이다. 음식을 만들고자 하는 사람한테는 대책 없이 두루뭉술하고 모호하지만, 음식을 맛보는 사람에게는 그 정체가 분명하다.

엘리자베스 로진은 예를 들어 중국 베이징 요리의 플레이버 원칙을 간장, 두반장, 황주黃酒, 생강, 마늘, 참기름의 조합으로 규정한다.[2] 각 요소의 양은 요리에 따라, 요리를 만드는 사람에 따라 다르겠지만, 베이징 요리 하면 대체로 이와 같은 갖은양념이 들어가야 하는 것. 한편 올리브오일과 마늘과 바질과 토마토는 이탈리아의 플레이버를 만드는 갖은양념이다. 베이징 요리, 이탈리아 요리를 만들어보지 않았다 해도 그 플레이버를 구별할 수는 있다.

갖은양념을 적극적으로 사용한 요리들은 뚜렷한 플레이버를 통해 미각적 주제를, 정체성을 분명히 나타낸다. 예를 들면 전통 한식 차림에 굴소스를 넣은 잡채라든지, 고수를 넣은 불고기, 큐민과 토마토를 넣은 닭볶음탕을 포함했다고 생각해보자. 그 요리들을 맛본다면 우리는 단번에 그것들이 '주제'에서 벗어났음을 알아차릴 것이다. 한식의 플레이버 원칙에 벗어난 요소들을 금방 구별해낼 수 있다. 우리에게 익숙한 한식의 플레이버는 요리의 '주제'로 규정될 수 있을 정도로 뚜렷하다. 한편 독일이나 영국 음식을 생각해보라. 슈바인학센이나 피시앤칩스 같은 대표 음식은 떠오른다. 하지만 딱히 떠오르는 플레이버가 없다. 두 나라의 전통적인 요리법은 갖은양념을 적극적으로 사용하지 않는다. 어떤 음식을 맛보았을 때 독일 음식으로, 또 영국 음식으로 꼭 집어낼 수 있는 미각적 주제가 명확하지 않다는 의미다. 그러고 보면 독일이나 영국같이 전통적으로 요리에서 큰 소리 못 내는 나라들을 생각하면 딱히 떠오르는 특유의 플레이버가 없다. 요즘 인기가 많은 태국이나 베트남 등의 동남아시아 음식, 우리나라 음식, 멕시코 음식 등은 역시 개성 있는 플레이버로 미각적 주제가 뚜렷한 편이다.

국가든 지역이든 어떤 공동체의 미각적 주제를 규정할 만한 플레이버 원칙은 그 공동체 구성원의 DNA에 새겨졌다고 할 만큼 그들의 식생활에서는 필수적이다. 이 플레이버에 대한 집착이 특정한 음식에 대한 집착보다 강하다. 한국인에게는 김치보다 고춧가루, 고추장의 플레이버가 더 중요할 수 있다는 뜻이다. 한 기사에 의하면 우리나라 사람들이 해외여행을 갈 때 챙겨 가는 필수품목 1, 2위가 라면과 고추장이라고 한다. 고유의 매콤한 맛 때문이다. 특히 라면이 1위를 차지한 것은, 김치만으로는 식사가 되지 않지만, 라면은, 특히 컵라면은 언제 어디서든 뜨거운 물만 구할 수 있다면, 외국 음식이 입에 맞지 않을 때 식사로 대신할 수 있어서다. 그렇다고 매번 라면만 먹을 수는 없다. 외국에서 혹 낯선 음식을 만나면 혀의 충격을 좀 줄이고 먹을 방법으로 고추장을 더한다. 우리 혀에 익숙한 고춧가루와 고추장의 플레이버가 생소함과 두려움을 상쇄한다.

엘리자베스 로진과 폴 로진이 1975년에 미국에 온 베트남 난민들의 캠프에 방문했을 때, 그곳 요리사에게서 들은 흥미로운 이야기는 이와 같은 플레이버의 중요성을 증명한다.[3] 캠프의 요리사들은 낯선 곳에 적응해야 하는 베트남 사람들의 입맛을 고려해 요리에 베트남에서 전통적으로 많이 쓰이는 닭고기, 생선, 채소, 쌀 등의 식재료를 이용했다. 하지만 베트남 음식에서 빠지지 않는 피시소스 느억맘은 구할 수 없었다. 요리사들은 그들이 만든 음식 중 간장소스와 핫소스가 들어간 음식이 가장 인기가 있다는 것을 알았다. 그래서 기호에 맞게 더할 수 있도록 테이블마다 간장과 핫소스를 따로 비치해두었다. 그러자 사람들이 모든 음식에 간장과 핫소스를 넣어 함께 섞어서 먹더라는 것이다. 아무리 친숙한 식재료라 하더라도 익숙하지 않은 플레이버의 음식은 그들의 미각적 주제에 맞지 않았던 것. 주재료의 맛보다는 느억맘과 매운 고추의 맛이 너무 절실했다. 베트남 식탁에서 빠지지 않는 소스가 느억짬이다. 느억맘에 물과 설탕, 라임즙, 다진 마늘, 잘게 썬 베트남 고추를 넣어 만든 느억짬은 구운 고기부터 국수까지 찍어 먹고 적셔 먹고 뿌려 먹는 만능 소스다. 그나마 느억맘과 가까운 간장, 고추 대신 핫소스를 이용해 느억짬과 유사한 플레이버를 만들어 음식에 버무려서 낯선 맛을 없앤 것이었다.

생존과 쾌락을 위한 플레이버

음식에 플레이버를 더하는 것은 식재료의 맛을 변화시키는 행위고 이는 동물과 구별되는 인간만의 행위다. 식재료를 익혀 먹을 뿐 아니라 여러 가지 양념을 해 특정한 향과 맛을 창조하는 이유는 여러 가지가 있을 수 있다. 잡식동물로서 다양한 식품을 섭취하기 때문에 혹시라도 몸에 해가 되는 물질이 있다면 제거하는 것이 목적일 수 있다. 영양분을 보충하려는 목적도 있다. 예를 들면 고추에는 비타민A와 비타민C가 함유되어 있으니 고춧가루를 양념으로 활용하면 부족한 비타민을 보충할 수 있다. 채소에는 나트륨이 부족하니 소금이나 간장 양념에 무쳐 먹으면 균형 있는 영양소 섭취가 가능하다. 갈레노스의 체액설 이론에서 보았듯이 의학적인 목적도 있다. 그런데 여러 음식에 같은 플레이버를 사용하는 것은 이러한 이유만으로 설명되지 않는다. 간장과 설탕과 고춧가루와 참기름의 조합을 우리는 얼마나 많은 음식에 사용하고 있는가? '갖은양념'이 들어가지 않은 음식이 과연 얼마나 있을까?

클로드 피슐러Claude Fischler는 인간은 잡식동물이므로 다양한 먹거리에 대한 욕구가 있지만 동시에 새로운 먹거리에 대해 두려움과 혐오를 느낀다고 설명하며 이를 '잡식동물의 딜레마'로 칭했다.(4) 새로운 먹거리를 추구하는 것은 잡식동물의 본질적 욕구지만 그것에 대한 두려움 또한 본능이다.

낯선 곳을 여행할 때 음식에 대한 태도를 생각해보자. 새로운 음식에 대한 호기심과 기대감과 함께 입에 맞지 않으면 어떻게 하나 하는 걱정도 든다. 익숙한 환경과 문화적 맥락에서는 새로운 것을 시도하는 데 두려움을 덜 느낄 수 있지만, 낯선 곳에서는 두려움이 기대감을 압도하는 경우가 많다. 요즘엔 인터넷 커뮤니티나 SNS에서 다른 사람들의 경험담과 리뷰를 통해 이런 두려움을 많이 없앨 수 있다. 그러나 정보가 별로 없는 곳에 갔다면, 긴 여행으로 몸이 지쳐 있다면, 새로운 음식에 대한 호기심과 탐험심보다는 익숙한 맛에서 안도감을 느끼고자 하는 마음이 훨씬 클 것이다.

러시아에 처음으로 여행을 갔을 때다. 기대감 속에 가장 처음 맞닥뜨린 러시아의 경험은 헬싱키에서 상트페테르부르크로 가는 기차 안에서 국경을 넘으면서 만난 무서울 정도로 무뚝뚝한 러시아 경찰들이었다. 그들의 태도와 언행에서 느낀 불쾌함과 불안감 때문에, 그날 저녁 '정통' 러시아 음식을 먹어봐

야겠다는 호기심에 찬 계획을 잠시 접어두고 마침 호텔 근처에서 본 한국 식당에 가서 저녁을 먹었다. 한국 식당이 없었더라면 아마도 맥도날드에 갔을 것이다. 맥도날드에 북적거리는 여행자들은 단지 여행경비를 아끼기 위해서 그곳을 찾은 것만은 아닐 수 있다. 낯선 곳을 여행하다가 익숙하고 편한 순간이 필요할 때, 메뉴판의 음식들을 보며 어떤 맛일지 고민할 필요 없이, 어디서든지 같은 플레이버로 안도감을 느낄 수 있는 빅맥이 최선의 선택일 수 있기 때문이다. 맥도날드 같은 글로벌 체인점의 음식 맛은 그런 의미에서 국적을 초월한 고향의 맛이라는 생각이 든다.

미각의 경계를 넘어가는 것이 지리적 경계를 넘어가는 것보다 때로는 더 어렵다. 그렇다면 인류는 어떻게 꾸준히 새로운 먹거리를 받아들이고 미각의 경계를 확장해왔을까? 로진과 로진은 우리가 속한 공동체의 플레이버 원칙을 이용해 이를 해결해왔다고 설명한다. 새로운 먹거리를 시도하는 안전한 방법은 그것에 익숙한 플레이버를 더하는 것이다. 새로움에 대한 욕망을 조심스럽게 채우는 방법이다. 새로운 음식을 익숙한 '미각적 주제'에 맞춰 먹어본 후에야 새로운 주제에 도전할 수 있는 것이다.

한편 새로운 음식에 대한 갈구 못지않게 우리는 반복되는 익숙한 맛에 대해 지루함을 경험하기도 한다. 이 또한 플레이버 원칙을 통해 해결한다. 단순해 보이는 플레이버 원칙이지만

나라마다 놀라울 정도로 다양하게 사용함으로써 그 지루함을 없앤다. 한식에서는 간장, 설탕, 고추장이 어디에나 쓰이는 것 같지만 어느 요리는 간장 대신 소금과 참기름만으로 맛을 내고, 설탕도 매실청, 조청 등 다양한 종류의 당을 쓰고 사용량을 달리해 맛에 변화를 준다. 고추장도 맵기가 다르고, 고춧가루와 섞어 쓰기도 하고, 굵은 고춧가루와 고운 고춧가루로 변화를 준다. 떡볶이만 해도 고추장만 넣은 것과 고춧가루만 넣은 것과 둘을 함께 넣은 것은 각각 맛이 다르다. 익숙한 플레이버 원칙으로 주제를 유지하지만, 다양한 변주로 미묘한 변화를 즐긴다. 갖은양념으로 버무리라는 조리법의 두루뭉술함은 어떤 의미에서 이런 변주의 스펙트럼이 무한히 열려 있음을 의미한다.

또 주제를 완전히 파괴하지 않을 정도로 새로운 요소로 플레이버 원칙에 변화를 준다. 미슐랭 가이드 선정 빕 구르망(합리적인 가격에 훌륭한 음식을 제공하는 레스토랑) 리스트에 올라 유명해진 국내의 한 닭갈비 식당은 춘천에서 가져온 생닭만 사용하는 정통 춘천 닭갈비를 표방한다. 그런데 특이한 것은 이 식당 닭갈비 맛의 특징인 강한 카레 향이다. 카레가 이미 우리에겐 익숙한 플레이버이긴 하지만 한식의 플레이버 원칙에는 속하지 않는 향이다. 그런데도 이 식당의 닭갈비는 가장 맛있는 '춘천 닭갈비'로 인기를 누린다. 보통 고추장 양념의 맵기 정도로만 변화를 시도하는 다른 식당의 닭갈비 맛과는 확연히 다르지만,

'주제'에서는 벗어나지 않은 유쾌한 새로움으로 경험되는 맛이 성공의 비결인 듯하다.

불고기 플레이버

얼마 전 《뉴욕 타임스*The New York Times*》에 이제는 세계적인 음식이 된 불고기에 대한 칼럼이 실렸다. "불고기, 고기를 어떤 방식으로 자르든Bulgogi, Any Way You Slice It", 의역하자면 "불고기, 당신의 입맛대로"라는 제목의 이 칼럼은 한국 대표 음식인 불고기의 유래를 밝히고 오랜 시간을 거쳐 다양한 방법으로 진화하고 조리된 양상을 소개한다.(5) 스파게티나 피자처럼 세계 곳곳의 사람들이 즐기는 보편성이 불고기에 있다는 것이 잘 나타난 글이다.

칼럼은 한국계 셰프들의 불고기 레시피와 미국에 사는 유명한 한국인 음식 블로거, 또 한국의 유명한 블로거의 레시피를 두루 소개한다. 이들의 레시피는 각자 다른 부위의 소고기를 사용하고 자르는 방법도 조금씩 다르고 서빙하는 방법도 다르다. 그런데 이 기사에 인용된 음식 기고가 저스틴 리Justine Lee의 말에 따르면 "우리가 아는 그 익숙한 불고기 플레이버를 가지고 있다면 다 불고기라 할 수 있다". 한국 사람이라면 누구나 알 수 있는 불고기 플레이버. 그는 그 플레이버가 꼭 간장, 마늘,

생강, 설탕의 조합으로만 만들어질 필요는 없다고 한다. 이 조합은 집집마다, 또는 만드는 사람마다 다를 수 있기 때문이다.

이 기사에 소개된 요리 장인들의 레시피를 보면 조금씩 다르지만, 읽는 것만으로도 익숙한 플레이버를 느낄 수 있다. 생강이 빠질 수도 있고 단맛을 설탕이 아닌 배나 매실청으로 대신할 수도 있다. 어떤 불고기는 단맛이 강할 것이고 어떤 불고기는 마늘 맛이 좀 더 느껴질 수도 있다. 이 글에 소개된 레시피 중 하나는 심지어 채식주의자를 위한 에릭 김Eric Kim의 '불고기 가지'다. 가지를 얇게 저며 고기를 대신한다. 그럼에도 이름에 불고기가 들어가는 것은, 불고기 양념대로 간장과 메이플시럽과 설탕, 마늘가루, 후추를 쓰기 때문이다. 불고기의 정체성은 우리에게 익숙한 그 플레이버로 결정된다.

서울에 있는 한 한식 파인다이닝 레스토랑 메뉴에는 코스의 이름으로 '불고기와 죽'이 있다. 그런데 그 밑에 쓰여 있는 불고기 주재료는 오리, 관자, 대파다. 불고기를 무침, 볶음, 구이 같은 조리법의 일종으로 쓴 셈이다. 재료가 아닌, 특유의 양념 조합과 그것을 특정한 플레이버로 만들어내는 조리법까지를 의미하는 '불고기'의 대표성을 볼 수 있다.

플레이버는 미각의 레벨에서 형성되는 공동체의 경계와 같다. 비행기를 타고 지리적 국경을 넘지 않아도 플레이버의 경계를 넘어서면 다른 나라의 맛을 체험할 수 있다. 다진 고기가 있다고 하자. 불고기 양념을 하면 떡갈비다. 이탈리아의 맛을 느끼고 싶다면 파슬리와 빵가루와 파르메산 치즈 등을 넣고 완자로 만들면 된다. 파슬리나 고수와 마늘과 큐민가루를 넣으면 중동의 맛을 느낄 수 있다. 별다른 향신료 없이 소금과 빵가루(때로는 달걀) 정도만 넣으면 햄버거 패티가 되고, 빵 사이에 끼우지 않고 소스를 곁들이면 햄버그스테이크가 된다. 떡갈비와 이탈리아식 미트볼과 햄버거 패티의 차이는 플레이버에 있다.

미각의 경계를 넘어

현대사회에서 진정한 미식가로 여겨지는 사람은 바로 플레이버의 경계를 자유롭게 넘나드는 사람이다. 새로운 플레이버에 대한 두려움 없이 다른 사람이 가보지 못한 미각의 영토를 탐험하는 사람이다. 최고의 식재료, 복잡한 조리법과 세련된 기교를 통해 만들어지는 요리만 음미하는 사람은 시대에 뒤떨어졌다고 여겨진다.

한 사회학자는 이런 변화를 문화잡식주의로 설명한다.[6] 문화잡식주의는 다양한 문화를 섭렵하는 문화소비 형태를 말한다. 문화잡식주의자들은 문화 자체에 존재하던 등급—고급문화, 대중문화, 저급문화—을 가로질러 다양한 문화를 경험하고, 그에 대한 지식을 문화적 자산으로 내세운다. 이런 문화소비 형태는 음식문화에도 적용된다. 파인다이닝뿐만 아니라 스트리트 푸드까지, 미식으로 유명한 프랑스의 고급 음식뿐 아니라 제3세계 국가의 토속음식이나 소박한 재료를 쓴 농가 음식까지 적극적으로 소비한다. '푸디foodie'라고 불리는 새로운 미식가들이 늘 찾아다니는 '이국적'인 맛의 요소 중 하나는 익숙한 플레이버로 변형되지 않은 새로운 플레이버다. 이런 음식 소비에 대한 새로운 기준을 내세워 스스로를 차별화하는 푸디들은 문화의 민주화를 도모하는 동시에 또 다른 문화계층의 구별을 만드는 양면성이 있다는 평가를 받지만, 창의적인 셰프들과 함께 플레이버의 경계를 허무는 미각의 개척자들임은 분명하다.

제육볶음의 매운맛은 미각일까

성명훈

제육볶음의 플레이버

불고기도 맛있지만 매콤한 제육볶음 또한 언제 먹어도 맛있다. 혹시라도 해외에서 한식이 그리워 한식당에 간다면 사실 불고기보다는 제육볶음을 시키게 된다. 바로 그 매콤함 때문이다. 불고기가 세계적인 명성에서 제육볶음을 앞서는 이유는 불고기에는 이 매콤함이 빠져 있기 때문일 것이다. 제육볶음은 한식의 플레이버 원칙인 간장, 마늘, 참기름, 고춧가루, 설탕, 파, 생강 등 '갖은양념'을 모두 사용한 요리다. 어찌 보면 불고기보다 제육볶음이 한식의 정체성을 더 풍부하게 드러낸다고 볼 수 있다. 한편으로 외국의 요리 관련 사이트에 올라와 있는 불고기 레시피에 종종 고춧가루나 고추장이 포함되어 있는 걸 보면,[7] 한식이라면 당연히 고춧가루가 들어가겠거니 생각할 정도로 고춧가루의 매운맛이 한식의 특징으로 널리 알려져 있음을 짐작할 수 있다.

지역과 문화에 따른 음식 플레이버의 특징에 대해 흥미 있는 연구가 있다. 재미 물리학자인 안용열 박사가 2011년《사이언티픽 리포트Scientific Reports》에 〈플레이버 네트워크와 음식 짝짓기의 원칙Flavor network and the principles of food paring〉이라는 논문을 발표했다.[8] 그는 미국 노스웨스턴 대학과 인디애나 대학에서 복잡계와 네트워크 현상을 연구하는 과학자다. 지역과 문화에 따라 음식의 재료 구성을 결정하는 일반적인 패턴이 있는지 아니면 개인적인 취향과 레시피를 초월하는 어떤 원칙이 있는지를 알아내기 위해서 네트워크 연구 기법을 사용한 컴퓨터 모델로 전 세계 주요 음식의 구성 재료와 이 재료들이 가진 플레이버 물질들을 검토했다. 1,000조 가지가 넘을 것으로 생각되는 전 세계의 요리 레시피 중에서 인터넷에서 수백만 개의 레시피를 찾은 뒤, 이로부터 381가지 기본적인 음식 재료와 1,000가지가 넘는 플레이버 물질의 데이터베이스를 만들었다. 이들이 서로 연결되는 관계를 살피면서 각 성분의 화학적 성질을 비교하니 어떤 것은 매우 비슷한 구조도 있고, 어떤 것들은 먼 친척처럼 닮은 점이 거의 없었다. 연구자들은 음식 재료들 사이에 공유하는 플레이버 성분을 기반으로 플레이버 네트워크를 그리고, 이들의 연결 관계를 서유럽, 남유럽, 북아메리카, 라틴아메리카 그리고 동아시아로 나누어 음식 재료와 플레이버의 구성과 일관성을 살펴보았다. 물론 동아시아 음식은 한국 음식이 주 대상이었다.

서양 음식은 동일한 플레이버 물질을 공유하는 음식 재료를 사용하는 경향이 있었다. 달걀, 버터, 바닐라 등 서로 밀접하게 연관된 재료를 사용하는 단조로운 조합을 보였다. 반면 동아시아와 남부 유럽의 음식은 마늘, 간장, 쌀과 같은 화학적으로 다양하고 매우 대조적인 재료를 많이 사용하는 것이 나타났다. 동아시아, 라틴아메리카, 남유럽의 식단이 서로 중복되는 요소들을 보였다. 이 세 지역은 마늘을 많이 쓰면서, 양파, 토마토, 고춧가루를 다른 조합으로 사용하는 것으로 나타났다. 이들 지역과 서유럽과 북미의 식단은 거의 공통적인 요소가 없었다. 음식 짝짓기 가설food pairing hypothesis을 설명하듯이 서양 식단은 플레이버 성분을 많이 공유하는 음식 재료를 사용하는 경향이 있었는데, 동아시아 음식은 성분을 공유하는 것을 회피하는 경향을 보였다. 지리적인 배경이 역사에 따라 비밀스럽게 형성되어온 맛의 세계를 만든 것이다.[9]

그런데 매운맛은 막상 맛이 아니고 통증의 하나라고 한다. 그렇다면 우리는 제육볶음의 매콤함을 어떻게 경험하는 것일까? 흔히 단맛, 짠맛, 신맛, 쓴맛, 감칠맛을 기본 미각이라고 하고, 매운맛은 미각에 포함하지 않는다. 다섯 가지 기본 미각은 서로 현저하게 다른 고유의 맛을 가지고 있다. 그리고 기본 미각이라고 정의되기 위해서는 이 특정한 맛을 감지하는 특정한 미각수용체가 존재해야 하고, 맛 신호를 뇌로 전달하는 신경 경로도 있어야 한다.

우리는 흔히 '매운맛'이라는 표현을 쓰지만, 매운 자극은 단맛이나 신맛처럼 미뢰나 미각수용체 시스템을 통하지 않는다. 이 자극은 혀와 입안에서 통증을 포함하는 촉각을 감지하는 시스템을 통해서 느껴지는 감각이다. 매운맛은 촉각수용체 중에서 통각수용체, 특히 열을 감지하는 수용체를 자극해서 느껴지는 통증 자극의 일종인 것이다. 그래서 엄밀하게 맛을 말할 때는 매운 감각을 맛이라고 하지 않는다.

그러나 매운 감각은 통각이지만 맛이기도 하다. 우리는 음식을 먹을 때 혀와 입안에서 다섯 가지 맛의 다양한 조합을 느끼고 이 전기 신호를 뇌로 전달한다. 동시에 음식으로부터 나오는 향과 냄새를 코에서 맡으면서 입안에서 음식물의 촉감, 온도와 통증을 주는 화학 자극을 한꺼번에 느낀다. 결과적으로 우리의 뇌는 여러 가지 맛과 향, 촉각이 복합된 한 단계 더 높은 맛, 다시 말해 여러 맛과 감각의 집합체인 플레이버를 느낀다. 플레이버는 기본 미각의 여러 조합에 향기와 식감이 더해진 '종합적인 맛'이다. 이런 면에서 통증 자극인 매운맛이 엄밀하게는 맛의 하나로 인정되지 않지만, 우리가 느끼는 넓은 의미의 맛, 즉 플레이버의 중요한 요소이기에 매운 자극을 매운맛이라고 표현하는 것이 부자연스럽지 않다.

매운맛의 기능

생물학적으로 설명하면 고추의 매운 자극은 입안을 비롯한 점막의 통증수용체를 자극해 타는 듯한 느낌을 주는 촉감 자극이다. 이러한 매운 자극은 '캡사이신capsaicin'이라는 성분 때문이다. 그런데 캡사이신의 화학 구조를 보면, 의외로 바닐라 향과 같은 부류에 속한다.[10] 캡사이신은 몸속 통증수용체들 중 입안 점막에 퍼져 있는 TRPV1 통증수용체를 자극한다.[11] 이 수용체는 열감, 산성 자극 또는 물리적 마찰 등에 반응하여 이온을 통과시키는 수용체다. 캡사이신 분자가 이 통증수용체에 결합하면, 마치 불붙는 듯한 느낌이 들게 한다. 매운 고추를 먹으면 점막이 실제로 물리적이나 화학적으로 화상을 입는 것은 아니지만 그렇게 느끼는 것이다. TRPV1 통증수용체는 내장과 다른 기관에도 존재하는데, 내장에 있는 TRPV1이 캡사이신과 그와 유사한 성분인 캡시노이드의 효과가 전신에 퍼지는 데 중요한 기능을 하는 것으로 보인다.

보통 동물은 이 자극을 싫어하지만, 사람들은 열정적으로 반긴다. 온갖 요리에 고추를 넣고, 궁극의 매운맛을 위해 심한 고통마저 불사하는 이들도 있다. 그렇다면 사람들은 왜 그토록 매운맛에 열광할까? 이에 대해 만족스럽지는 않지만 여러 설명이 있다.

먼저, 흔히 지리적·문화적으로 설명하곤 한다. 고추는 열대 지방에서 흔히 쓰이는 식재료다. 열대 지방에서는 매운 음식이 발달했는데, 이는 매운맛이 땀을 흘리게 해서 몸을 시원하게 하는 효과가 있기 때문이다. 매운 자극이 말초에서 혈관을 확장하는 효과가 있으므로 더운 기후에 노출된 피부 온도를 낮출 수 있다는 것이다.

매운맛에 열광하는 또 다른 이유로, 매운맛이 입안과 혀에 있는 신경들을 자극함으로써 미각이 일시적으로 촉감과 온도에 민감해져서 플레이버를 더 생생하고 즐겁게 만든다고 저명한 식품과학자 해럴드 맥기Harold McGee는 설명한다.[(12)] 하지만 이와 반대로 강한 매운 자극은 입안을 얼얼하게 하고, 감각을 모호하게 하기도 한다.

고추의 매운맛을 만드는 캡사이신은 통각수용체와 결합하기 때문에 역설적으로 통증을 완화하는 기능도 있다. 고추 추출물은 수백 년 이상 진통제로 사용되어왔는데, 그 기원은 콜럼버스Cristopher Columbus 이전 시대, 멕시코 원주민들의 통증 치료법까지 거슬러 올라간다. 다른 곳의 아메리카 원주민은 매운 고추를 성기에 문질러 감각을 둔하게 함으로써 성적 즐거움을 오래 지속시키기도 했다. 19세기 중국에서는 궁정의 환관이 되기 위해 거세하는 사람에게 국소 마취제로 사용하기도 했다. 통증 완화를 위해 붙이는 패치 형태의 진통제 중에는 캡사이신이 주성분인 것도 많다. 흥미롭게도, 캡사이신을 승마 경기에 출전하는 말에게 사용하는 것은 금지되어 있다. 캡사이신이 말을 과도하게 자극하고 통증을 경감시키기 때문이다. 2008년 하계올림픽 승마점프 경기에서 말 네 마리가 캡사이신 양성으로 실격하기도 했다.

매운 자극과 통증수용체는 몸의 대사 과정에도 영향을 준다. 2014년 미국 캘리포니아 버클리 대학의 연구팀은 유전공학을 통해 캡사이신 수용기가 없도록 만든 생쥐를 대상으로 실험을 했다. 예측한 대로 이 생쥐들은 열에 대한 통증 반응이 제대로 나타나지 않았다. 하지만 이 생쥐들은 정상 생쥐보다 더 오래 살았고, 대사 과정도 더 젊은 상태를 유지했다. 정상 생쥐들은 나이가 들면서 신체 내의 캡사이신 수용기가 이상하게 작동하자 일부 생쥐에서 이 잘못된 통증수용체가 췌장을 자극해 혈당을 만성적으로 높이는 단백질을 분비하게 했다. 연구자들은 이것을 나이가 들면 흔히 나타나는 당뇨병의 전조로 해석한다.[13] 이런 결과는 매운 고추를 먹는 것이 건강에 도움이 될 수 있다는 생각으로 확장되기도 했다. 캡사이신이 통증수용체를 마비시키는데, 이 결과로 몸 안에서 망가져 있는 수용기가 이상한 일을 일으키는 것을 아예 막아버리게 되어 이 생쥐들이 더 오래 살게 한 효과를 낼 수 있었을 것으로 볼 수 있다. 캡사이신 수용기가 아예 작동하지 않아 오작동도 하지 않은 생쥐들이 더 오래 살았다면, 인간도 캡사이신을 자주 섭취해 통증수용체를 마비시킴으로써 비슷한 효과를 낼 수 있을지 모른다는 생각이다. 이렇게 고추가 많이 든 음식을 먹으면 적지만 건강상의 이득이 있다는 연구결과가 많다.

캡사이신은 대사 속도를 높여 더 많은 칼로리를 태우기도 한다. TRPV1 수용체, 즉 통증수용체를 자극하면 교감신경계가 활성화되는데, 이 과정에서 지방이 연소되는 것으로 보고되었다. 그렇다 보니 매운 음식으로 체중을 줄였다는 주장도 있다. 그러나 이런 예측이나 기대는 단순하지 않다. 매운 음식도 많이 먹게 되면 열량 초과로 이어질 것이고, 또 매운맛을 중화하기 위해서 다른 음식을 더 먹게 될 수도 있다.[14]

매운맛의 즐거움

아무리 맛있는 음식도 많이 먹으면 싫증이 난다. 빵집에 들어설 때 나는 고소하고 향긋한 빵 냄새도 계속 맡다 보면 무뎌지고, 옷을 입을 때 피부에 닿는 옷감의 감촉에도 얼마 지나면 둔감해진다. 같은 자극에 노출되면서 감각 시스템의 반응도가 감소하는 피로 현상이다. 하지만 다른 감각수용체와 달리 통증수용체는 자극에 빨리 순응하지 않는다. 매운 걸 계속 먹을수록 점점 익숙해지는 것이 아니라 오히려 더욱더 혀가 아파지는 것처럼 말이다. 뜨거운 음식을 먹을 때도 마찬가지로 순응이 거의 일어나지 않는다. 매운맛이 단맛, 신맛, 짠맛 등의 맛감각과는 질적으로 다른 감각임을 알 수 있다.[15]

통증수용체는 입안, 피부, 눈, 귀, 코의 신경세포 표면에 깔려 있다. 이 세포들이 섭씨 42도보다 높은 온도와 접촉하면 수용체 모양이 변하면서 매우 빠른 반응을 보인다. 이 과정은 수백분의 1초 만에 일어나서 미각수용체의 반응시간보다 훨씬 빠르다. 끓는 물이나 뜨거운 프라이팬에 손이 닿으면 자기도 모르게 얼른 손을 움츠리게 된다. 그런데 캡사이신은 이 시스템을 속인다. 매운 고추를 먹으면 캡사이신 분자들이 넘쳐나게 되고, 그러면 소금이 얼음의 녹는점을 낮추듯이 입에서 열에 대한 역치가 낮아진다. 입안의 온도는 37도지만 마치 65도처럼 느껴진다. 고추를 먹으면 입안이 화끈거리는 이유다. 2021년 미국 캘리포니아대 샌프란시스코(UCSF)의 데이비드 줄리어스 David Julius가 이 통증수용체의 기전을 밝힌 공로로 노벨생리의 학상을 수상했다.

한마디로 매운맛은 혀가 아프다고 보내는 신호다. 앞서 간략히 언급했지만, 다시 돌아가 질문해보자. 왜 우리는 매워서 혀가 얼얼하고 속이 쓰라리다고 하면서도 계속해서 이 매운맛, 매운 자극을 찾는 걸까?

사람들이 매운맛을 좋아하는 이유로 먼저 롤러코스터 효과가 있다. 어떤 경험이 위험하지 않다는 사실을 알게 되면 부정적이었던 경험이 긍정적으로 바뀌게 된다. 하지만 사람들은 곧 싫증을 내기 때문에 더 자극적인 경험을 찾게 된다. 더 스릴 있는 롤러코스터를 타려고 하거나 더 매운 음식을 먹으려 한다. 매운맛에는 이렇게 중독성이 있다.

그리고 뇌는 매운맛을 통증이나 열감과 같은 자극 신호로 여겨 이를 가라앉히기 위해 엔도르핀과 도파민이라는 물질을 내보낸다. 우리 뇌 속에서 자연적으로 마약이 분비되는 셈이다. 고추에 있는 캡사이신이 점막에 있는 열을 감지하는 통증수용체를 자극하면, 우리 몸은 마치 뜨거운 것에 노출된 것과 같이 반응한다. 우리 몸은 고통과 위험을 감지하게 되고 이를 상쇄하기 위해 뇌에서는 엔도르핀을 분비하는데, 실제로 화상을 일으키는 열에 노출된 것이 아니기 때문에 고통은 완화되고 은근한 쾌감이 남게 된다. 이것은 마라톤 선수들이 장거리를 뛸 때 느끼는 희열, 곧 '러너스 하이runner's high' 상태와 비슷하다. 이때는 스트레스도 줄고, 통증도 잘 느껴지지 않는다. 실제로 장거리 경주를 한 마라토너들의 뇌 영상 촬영을 통해서 전전두엽과 변연계라고 하는 뇌 영역에서 엔도르핀을 만들어내는 것을 관찰했다. 요컨대 매운 음식을 먹으면 마라톤 선수가 엔도르핀에 의해서 느끼는 것과 비슷한 쾌감을 느끼게 되고, 더 많은 엔도르핀을 얻기 위해 계속 매운 음식을 찾게 된다는 뜻이다.[16]

캡사이신은 고추의 생존 수단

고추의 매운맛은 야생동물이나 해충 및 세균으로부터 고추의 생장을 방어하는 데도 도움이 된다. 그래서 해충이 많은 더운 지역의 고추일수록 더 맵게 진화했는지도 모른다. 마른 고춧가루를 조류의 사료에 넣으면 쥐들이 이를 먹는 것을 막을 수 있다. 인도에서는 고추기름을 적신 밧줄로 울타리를 쳐서 코끼리가 농작물을 해치는 것을 막기도 한다. 코끼리는 가죽이 너무 두꺼워서 전기 울타리 앞에서도 거침없지만, 인도의 매운 고추는 피해 간다.[17]

하지만 포유류와 달리 파충류와 조류[18]는 매운맛을 잘 느끼지 못한다. 특히 조류가 캡사이신에 무감각한 데는 고추가 생존을 위해 열매에 캡사이신을 만들어낸 것처럼 진화생태학적 요인이 작용한다. 캡사이신을 함유한 고추 계열 식물들의 씨앗은 새들에 의해 사방으로 퍼진다. 조류도 통증수용체가 있어 열감은 느낄 수 있지만, 수용체 구조가 포유류와 달라 캡사이신이 결합하지 못한다. 매운맛을 못 느끼는 조류를 통해 효율적으로 씨를 퍼뜨리기 위해서는 캡사이신을 더 많이 만들어 포유류보다 조류의 입맛에 맞도록 자연선택되었을 것이라는 설명이다.[19] 더욱이 어금니가 있는 포유류는 씨까지 씹어 부술 위험이 있지만, 조류는 씨를 그대로 삼켰다가 배설한다는 면에서 장점이 있다.

잡식성 동물의 최고 경지에 이른 인간은 고추의 매운맛을 활용해 향신료로 쓰면서 다양한 형태의 요리를 개발해왔다. 지금 흔히 먹는 피망이나 파프리카는 열매에 캡사이신을 함유하고 있는 고추 속屬 식물이지만, 품종 개량 덕분에 심지어 단맛이 난다. 포유동물 중 피망을 먹는 동물은 사람뿐이고, 초식동물들도 피망을 잘 먹지 않는다.

매운맛도 여러 가지

매운맛도 자세히 보면 여러 종류가 있다. 우리 표현은 고추, 후추, 고추냉이, 겨자, 마늘 등으로 대표되는 자극적인 맛을 모두 '매운맛'이라고 한다. 그런데 마늘, 양파의 매운맛은 고추의 매운맛과 느낌이 다르지 않은가? 고추의 캡사이신처럼, 겨자나 고추냉이의 시니그린sinigrin, 후추의 피페린piperine, 마늘이나 양파의 알리신allicin은 매운 자극을 주는 각각 다른 성분이다.

고추의 매운맛

고추는 품종에 따라 매운맛의 패턴이 조금씩 다르다. '하바네로'라는 멕시코산 고추는 주로 입안에서 맵다. 매운맛이 시작하는 것이 조금 늦지만 오래 지속된다. 일단 위장으로 넘어가면 매운맛이 약화된다. 반면 아시아 지역에서 나오는 고추는 대부분 입안에서 즉각 매운맛을 준다. 우리나라 청양고추는 배속에서도 계속 매운맛이 전해지는 편이다. 이는 고추 속에 들어 있는 매운맛 성분의 차이 때문이다. 고추에는 캡사이신 외에도 캡시노이드 또는 캡사이시노이드라고 하는 다른 매운맛 물질이 많이 들어 있다. 이들도 통증수용체를 활성화시키지만, 입안 점막 속에 존재하는 수용체까지 잘 도달하지 못하기 때문에 입안부터 맵지는 않다. 이런 비슷한 물질들이 얼마나, 어떤 종류로 들어 있는지에 따라 매운맛의 성격이 달라지는 것이다. 시간이 좀 지나야 소화되는 매운맛 물질이 들어 있다면 음식을 먹은 뒤에도 오랫동안 매운 기운을 느끼게 된다.

엄청나게 매운 것을 먹고, 혀를 달래기 위해서 찬물을 마구 마셔도 소용없던 경험이 있지 않은가? 이때 우유를 마시면 그 매운 기운이 많이 부드러워진다. 매운맛을 주는 캡사이신은 물에는 잘 녹지 않지만, 기름이나 알코올에 녹고 휘발성도 있다. 그래서 매운 음식을 먹고 물을 마시면 도리어 매운맛이 입안에 퍼져 열감이 더 강해진다. 반면 우유에는 유지방이 있어서 기름에 녹는 성질을 가진 캡사이신을 씻어낸다. 또 우유에는 카제인이라는 인단백질도 많이 있는데, 카제인은 지방친화성이 있어 지방과 결합한다. 그래서 통증수용체에 결합된 기름에 녹는 캡사이신을 수용체로부터 떼어내어 매운맛을 없앤다. 이런 원리대로, 매운 음식을 즐긴 뒤 아이스크림을 디저트로 먹으면 매운 느낌을 줄이는 데 도움이 된다. 다만 동물의 젖과 달리 코코넛밀크에는 카제인이 없어 매운 느낌을 없애주지 못한다.

또한 빵에 든 버터 등의 지방도 캡사이신의 매운맛을 흡수하기 때문에 식빵을 입에 잠시 물고 있다가 씹어 삼키는 것도 매운맛을 누그러뜨리는 데 효과가 있다. 입안뿐만 아니라 피부가 매운 자극 성분에 노출되었을 때도 식물성 기름이나 파라핀유, 바셀린 등의 기름 성분을 발라 중화하는 것이 효과적이다.

고추냉이의 매운맛

한편 고추냉이의 매운맛은 고추의 매운맛과 다르다. 고추는 입안이 뜨거워지는 듯한 자극을 주는 데 비해, 고추냉이는 콧속에서 날카롭게 찌르는 듯한 자극을 일으킨다. 이런 차이는 주성분의 차이에서 오는데, 고추의 매운맛 성분은 캡사이신이고, 고추냉이의 매운맛 성분은 휘발성을 가진 알릴 이소티오시아네이트이다. 고추냉이의 찌르는 듯한 자극 물질은 씹는 동안 공기에 떠오르게 되고 삼킬 때 입안 뒤쪽으로부터 코를 자극한다. 바로 후비강후각retronasal smell을 통해 자극되는 플레이버다.

고추냉이나 와사비의 시니그린 성분이 산소와 효소(티오글루코시다아제)를 만나 화학반응을 하면, 알릴 이소티오시아네이트 성분의 증기가 나온다. 이 효소는 가열하면 변성되기 때문에 팔팔 끓이는 뜨거운 음식은 고추냉이로 매운맛을 낼 수가 없다. 또 와사비의 매운맛 성분은 휘발성이기 때문에 갈아놓고 오랫동안 방치하면 플레이버와 매운맛이 없어진다. 와사비는 간 직후에 매운맛이 매우 강하고 약 10분 정도 지나면 부드러워진다. 와사비는 세포가 파괴될 때 매운맛과 향이 나오기 때문에, 곱게 갈 때 맛과 향이 더 강해진다.

후추의 매운맛

식탁 위에 소금과 나란히 올려져 있는 후추의 독특한 맛은 피페린 성분 때문이다. 이것은 캡사이신과는 다른 물질이지만, 피페린의 매운맛도 열감과 산의 존재를 감지하는 TRPV1, TRPA1 같은 통증수용체를 자극한다.

피페린은 고온과 저온 수용체를 동시에 자극한다. 그래서 후추의 맛은 고추의 맛과 다르다. 중량으로 비교해보면 정제된 피페린은 캡사이신에 비해서 매운맛이 100분의 1 정도다. 후추 열매의 껍질 속에 있는 테르펜 같은 향기 성분들과 피페린이, 후추가 가진 나무 맛과 꽃향기가 섞인 독특한 플레이버를 만든다.

피페린은 코점막을 자극해서 재채기를 일으키기도 한다. 점막을 자극하는 성분이 강하게 들어오면 이를 몸 밖으로 몰아내기 위해 재채기 반사가 일어난다. 이때 코와 입으로부터 나오는 공기 흐름의 속도는 시속 150킬로미터 정도에 이른다.

마늘의 매운맛

마늘은 특유의 자극적인 맛이 있다. 매우 맵다 해서 한자로는 맹랄猛辣이라 불리기도 했다. 마늘 맛의 원인 물질은 황 원소를 포함한 알리인[20]으로, 자체 효소인 알리네이스에 의해 알리신과 여러 유사 물질로 분해되면서 독특한 향을 낸다. 그런데 알리네이스는 산소와 접촉해야만 반응한다. 다시 말하면 마늘 표면에 칼집을 내거나 갈거나 해서 알리네이스 효소가 산소와 접촉해야, 알리인이 알리신으로 변화되면서 강한 냄새가 난다. 하지만 마늘에 열을 가하면 특유의 맛과 향이 사라진다. 통마늘에 열을 가하면 알리네이스가 파괴되어 알리신이 만들어지지 않고, 다진 마늘에 열을 가하면 알리신이 휘발되기 때문이다.

마늘을 먹으면 숨결에서도 특유의 냄새가 나고 몸에서도 냄새가 난다. 이는 알릴 메틸 설파이드 때문이다. 알릴 메틸 설파이드는 마늘에서 나온 황을 함유한 물질이 대사될 때 혈액을 따라 폐로 이동해서 숨을 쉴 때 이른바 '마늘 냄새'를 만들고,

피부의 땀구멍을 통해 몸에서도 냄새가 나게 한다. 그래서 몸을 비누로 씻는다 해도 부분적으로만 효과가 있다. 임신 중 산모가 마늘을 먹으면, 태아도 이 성분을 느끼고, 태어난 뒤 마늘이 들어간 음식을 선호하게 된다. 음식에 대한 문화와 전통이 이어지는 방식의 하나로 생각해볼 수 있다.

양파의 매운맛

계통상 친족인 양파나 파의 알리네이스는 분자구조가 달라 알리인의 분해 결과가 다르고, 결과적으로 맛의 느낌도 다르다. 양파는 성숙하면서 포도당의 양이 증가해서 단맛이 강해진다. 그래서 눈을 감고 코를 막은 채 양파와 사과를 먹으면 둘의 맛을 구분하기 어려울 수도 있다. 실제로 서양에서는 달고 아삭아삭한 것을 표현할 때 양파와 사과를 나란히 놓기도 한다. 양파를 익히면 단맛이 더 강해지는데, 매운 자극 성분인 알릴 프로필 다이설파이드와 알릴 설파이드가 열을 받으면서 대부분 기화되고 나머지는 분해되어 설탕의 50~60배 단맛을 내는 프로필메르캅탄을 형성하기 때문이다. 물론 양파에 함유된 프로필메르캅탄 양 자체가 적기 때문에 설탕을 직접 입에 넣을 때처럼 자극적이고 강한 단맛이 나지는 않고, 양파 특유의 향과 어우러지는 은은한 단맛을 느낄 수 있다.

와인

언어에 담긴 와인의 맛

정소영

야생 베리, 바이올렛, 작약, 다크초콜릿…

미국에서 교사로 일하는 마일즈 레이먼드는 여러모로 힘든 중년을 보내는 중이다. 이혼의 후유증에서 헤어나지 못하고 있고, 출판사에 보낸 소설 원고의 출간 결정을 노심초사 기다리며, 그동안 살면서 뭐 하나 제대로 이뤄놓은 것이 없다는 자괴감에 우울하고 괴롭다. 와인애호가인 그에게 그나마 삶의 즐거움이 있다면 와인을 음미하는 것. 그러던 어느 날 마일즈는 결혼을 앞둔 한물간 배우인 친구 잭과 함께 캘리포니아 샌터바버러 지역의 와이너리 투어에 나선다. 영화 〈사이드웨이Sideways〉 이야기다.

그들이 처음 방문한 와이너리에서 마일즈가 잭에게 와인 시음하는 법을 가르쳐준다.

"어떻게 하는지 알려줄게. 첫째, 잔을 치켜들고 와인을 빛에 비춰봐. 색과 투명도를 보는 거야. 그냥 어떤 건지 감만 잡아. 됐지? 어, 진한가? 옅은가? 맑은가? 시럽 같은가? 됐지? 좋아. 이젠 잔을 좀 기울여봐. 이건 와인이 잔의 가장자리로 퍼질 때 색의 깊이를 확인하려는 거야. 이걸 보면 와인이 얼마나 오래되었는지를 알 수 있지. 보통 레드와인일 경우에 중요한 점이지. 됐지? 이젠 코를 잔 안으로 넣어봐. 쑥스러워하지 말고 코를 잔 안으로 넣어. 음… 약간의 시트러스… 어쩌면 딸기… 패션프루트… 그리고 아주 살짝 희미하게 아스파라거스 맛이 있는 것 같기도 하고, 견과류 맛이 나는 에담 치즈 맛이 스치고 지나가는 것 같기도⋯."

와인애호가까지는 아니더라도 와인을 종종 마시고 특히 직접 골라 구매한 경험이 있는 사람이라면, 마일즈가 사용하는 와인 향을 묘사하는 단어들이 그리 낯설지 않을 것이다.

요즘엔 동네 마트의 와인 코너에서 판매하는 와인도 종류가 상당히 많아서 특별히 사고자 하는 품목을 정하지 않고 가면 고르기가 쉽지 않다. 이런 소비자를 위해, 영화를 보러 가기 전 감독·배우·상영시간 등의 정보와 리뷰를 확인하듯이, 구매 전 와인에 대한 정보를 미리 찾아볼 수 있는 와인 전문 사이트나 앱이 많이 나와 있다. 예를 들면 비비노Vivino라는 앱은 일반 소비자들의 리뷰에 기반을 둔 와인 정보 앱이다. 특정한 와인에 관한 기본적인 정보는 물론 그 와인을 마셔본 일반 소비자들의 리뷰를 볼 수 있다. 리뷰를 보면 사용하는 용어나 맛의 묘사가 마일즈의 시음 평가와 크게 다르지 않다.

예를 들면 내가 선물받은 '메르 솔레이 리저브 피노누아Mer SoLeil Reserve Pinot Noir'를 찾아보자. 리뷰 중 하나를 보면 "첫 향은 오크와 바닐라, 약간의 블랙베리 향이 느껴진다⋯ 오크 향과 흙내음, 아주 희미한 자두 향과 블랙베리가 여운으로 남는다" 라고 쓴 평이 있다. 그리고 흥미로운 통계도 알 수 있다. 전체 리뷰를 통해 체리와 산딸기, 붉은색 과일 향이 391회 언급됐고, 오크와 콜라, 바닐라가 303회, 흙내음, 가죽, 스모크 향이 234

회 언급됐다는 정보다.[1] 와인의 맛을 묘사하는 단어들이 대중적으로 통용되고 있다는 것을 알 수 있다. 인터넷에서 이 와인에 대한 와인 전문가의 리뷰를 찾아보자. "풍부한 과일 향과 약간의 오크 향을 제공한다"며 "잘 익은 보이즌베리, 블랙프루트, 오크의 향과 플레이버"가 느껴진다고.[2] 일반 소비자와 와인 전문가가 같은 언어를 쓰고 있다는 것을 알 수 있다.

그런데 1833년에 출간된, 전 세계의 와인을 체계적으로 분류하고 그 맛에 대한 평가와 함께 실용적인 정보를 제공한 최초의 와인 지침서 중 하나인 『현대 와인에 대한 역사와 설명 *A History and Description of Modern Wines*』에 있는 사이러스 레딩Cyrus Redding의 로마네 콩티Romanee Conti에 대한 묘사를 보자. 로마네 콩티는 세계에서 가장 훌륭하다고 추앙받는 와인이다. 레딩은 로마네 콩티를 세상에서 가장 섬세한 레드 와인이라고 단언하면서 그 맛을 "풍부한 향과 절묘한 부케가 가득하고 맑은 자줏빛을 띠고 있으며, 가볍지만 동시에 기분을 좋게 하고 건강에 좋은 충분한 바디감과 도수를 가지고 있다"라고 묘사한다.[3] 세상에서 가장 좋은 와인이라는 평가를 뒷받침하기에는 그 맛의 묘사가 좀 빈약하지 않은가? 마일즈와 내가 마신 와인은 평범한 와인이고, 로마네 콩티는 요즘 가격으로 하면 한 병에 천만 원이 훌쩍 넘어가는 와인인데 말이다.

거의 두 세기가 지난 후 로마네 콩티 맛에 대한 묘사는 확연히 다르다. 세계적인 와인 평론가 로버트 파커Robert Parker가 발행하는 와인 전문지 《와인 애드버킷Wine advocate》에 실린 2016년산 로마네 콩티에 대한 한 평론가의 리뷰를 보자.

"…야생 베리, 바이올렛, 작약, 다크초콜릿, 계피와 이국적인 향신료의 향이 잔으로부터 가볍게 피어오른다. 혀에서는 풀바디감과 풍부함과 부드러움이 느껴지고… 생기있고, 정말 생동감 있는 산미, 침이 고이게 하는 쓴맛으로 마무리되는 길고 점점 퍼지는 여운…"[4]

이렇게 와인의 복잡하면서도 미묘한 플레이버를 사람들이 공통적으로 경험했다고 간주하는 다른 물질들의 향과 성질을 이용해 말로 표현하게 된 지는 50년 정도밖에 되지 않는다. 고대 그리스 시대부터 와인을 즐겨왔음을 생각해보면 와인의 맛에 언어가 주어진 역사가 이렇게 짧다는 것이 의아하다.

미각이 저급하다고?

고대 그리스 향연은 1부에서 식사를 하고 2부에서 술(여기서 술은 물론 와인을 말한다)을 마시며 여흥과 함께 지적인 토론을 했다. 음주가 중요한 부분이었을 뿐 아니라 2부가 훨씬 길었다. 2부를 일컫는 그리스어 심포시온symposion은 함께 술을 마신다symposia는 것을 의미했으며, 아예 심포시온이 향연 전체를 일컫는 명칭이 되었다. 그리고 이 단어의 라틴어인 심포지엄은 오늘날 전문가 토론을 뜻하게 되었다. 와인은 그리스 고대 철학의 탄생에 없어서는 안 될 요소였다. 플라톤Platon의 『향연 Symposium』, 플루타르코스의 『심포지아크스Symposiacs』 등을 보라. 그런데도 철학의 전통에서 와인 맛에 대한 언급은 찾아보기 힘들다.

와인뿐 아니라 맛에 대한 언어가 오랫동안 발달하지 못한 것은 철학자들의 책임이 크다. 아리스토텔레스, 플라톤 등 고대 철학자들은 미각이 저급한 감각이라며 등한시하고 심지어 죄악시했다. 미각을 서양 철학사에서 쓸모없는 것으로 전락시킨 장본인이 바로 플라톤이다. 플라톤은 "혀가 지각하는 것들은 신성하지 않고, 지적인 영혼에 중요한 영향을 미치지도 않는다. 위는 동물과 같은 식욕을 가진 영혼, 육체를 보존하는 임무에만 한정된 영혼을 위한 여물통이다. 식욕은 강하고 걷잡을 수 없는 힘이므로 이것에 정복당하지 않으려면 야생동물처럼 쇠줄에 묶어놓아야 한다"고 주장하며 미각의 타락하기 쉬운 성질과 위험성에 대해 경고했다.[5] 미각은 생존을 위한 감각이고 생존 이외의 목적으로 미각을 사용하는 것은 육체적 쾌락을 추구하는 것이니 경계해야 한다는 주장이다.

아리스토텔레스는 시각, 청각, 후각, 미각, 촉각의 순서로 감각의 서열을 정했고, 이 위계는 서양 철학의 전통에 확고하게 자리를 잡는다. 철학에서 미각과 그의 짝 후각은 기본적인 기능만 하는 단순한 감각으로 천대받았다. 어떤 것을 먹었을 때

안전한지 감별하는 생존을 위한 기본 기능, 생물체를 보존하기 위한 본능과 관련된 감각으로 모든 동물에게 공통된 원시적인 감각의 형태로 치부했다.

그래서 미각은 아주 오랫동안 신체의 건강과 관련된 이론의 틀 안에 갇혀 있었다. 와인의 맛도 갈레노스의 체액설에서 말한, 우주의 모든 물질이 같은 성질로 이루어져 있고 우리가 섭취하는 음식은 몸과 결합해 체질에 영향을 준다는 원칙에 근거해 평가했다. 체액은 성별과 나이 같은 요소들에 영향을 받는다. 젊은 사람들은 피가 풍부하고 열이 많지만, 노인들은 피가 부족하고 차갑다. 그래서 노인들은 와인을 마시는 게 좋은데 나이에 맞는 적당한 열기와 냉기의 균형을 회복하도록 도와주기 때문이다. 성장기에 있는 사람에게는 와인이 해롭다. 어린 사람은 열기가 매우 많고 흥분 상태이기 때문에 와인을 마시면 과열되고 통제 불능이 될 수 있다. 플라톤도 18세가 될 때까지는 와인을 마셔서는 안 된다고 했다. 불에 불을 더하는 격이라고 보았기 때문이다.(6) 와인은 냉기를 보완해 온기를 넣어주는 역할을 한다. 학자와 예술가들은 우울한 기질을 가진 것으로 유명한데, 이 이론에 따르면 흑담즙이 많아서 차갑고 건조한 탓이니, 많은 시인과 예술가들이 술을 즐기는 이유(핑계)로 삼았을 법하다.

와인의 맛이 마시기에 좋다면, 즉 입맛에 맞는다면, 그 와인의 성질이 마시는 사람의 기질에 맞는다는 것을 의미했다. 그러니 와인의 맛에 관해서 할 수 있는 말은 좋다, 나쁘다, 너무 독하다 정도가 전부였다. 앞에서 언급한 사이러스 레딩의 로마네 콩티에 대한 평가—"기분을 좋게 하고 건강에 좋은 충분한 바디감과 도수를 가지고 있다"—를 보면 건강에 관련된 생각이 19세기까지도 영향을 미치고 있었음을 알 수 있다. 또 음식의 맛 자체를 향유하는 것에 대해 자세하고 풍부한 설명으로 가득한 브리야사바랭의 『미식 예찬』에도 와인의 맛에 대해서만큼은 구체적인 설명이 없다. 좋은 음식을 질 낮은 와인이 망치는 것에 대해 화를 낼 정도로 질 좋은 와인의 중요성을 강조하지만, 와인의 맛 자체에 대한 자세한 묘사나 표현은 찾아볼 수 없다.

언어의 옷을 입은 와인

와인의 맛을 사람들이 공통적으로 경험했을 만한 다른 물질들의 플레이버를 참조해 구체적으로 묘사할 수 있도록 용어를 정리하여 정립한 것은 1976년 미국 캘리포니아 대학의 두 학자가 펴낸 와인의 감각적 평가에 관한 지침서가 시초다. 그들은 와인 맛을 묘사하는 표준화된 어휘가 있다면 와인 제조부터 판매까지 더 나은 와인 문화의 발전에 도움이 될 것이라고 밝히고, 매우 방대한 와인의 맛을 묘사하는 어휘 목록—대부분 과일과 채소를 참조한—을 만들었다.[7]

뒤이어 그들의 동료 양조학 교수가 '와인 아로마 휠'이라는 것을 개발해 특허를 냈다.[8] 코팅된 플라스틱 원판으로 와인의 플레이버를 표현할 수 있는 어휘를 세 겹의 동심원을 이용해 체계적으로 분류해놓았다. 기본이 되는 상위 카테고리의 향이 가장 안쪽 원 안에 구분되어 있고, 각 카테고리에 속하는 좀 더 구체적인 하위 향들이 두 번째 원 안에, 그리고 그 향들의 구체적인 예들이 바깥쪽 원 안에 표시되어 있다. 예를 들면 과일 향이 기본 향이고, 이것은 세부적으로 말린 과일, 베리류, 감귤류 등으로 나뉜다. 그리고 이들에 대해 각각 말린 자두·말린 무화과, 딸기·산딸기, 레몬·자몽 등의 구체적인 예가 제공된다. 이 아로마 휠의 목적은 일반인들이 와인을 마셨을 때 느끼는 플레이버를 묘사할 수 있는 단어를 제공하는 것이다. 와인을 처음 맛보는 사람들이 아무 맛도 느끼지 못한다고 하는 것은 그들이 체험하는 향과 맛을 표현할 어휘가 없기 때문이라는 것.

와인의 맛이 언어로 유통된다는 것은 맛이 전적으로 개인적인 영역에서 문화적·사회적 영역으로 확장되는 것이다. 이는 또한 맛이 주관적 경험을 떠나 객관성을 가질 수 있다는 것을 의미한다. 맛의 문화적·사회적 차원을 인정하는 것은 미각이 생존 기능에 국한된 원시적 감각 기능이라는 오명을 벗기는 데 중요하다. 미각이 감각적 체험을 기반으로 한 미학에서도 무시당한 이유는 바로 주관적 체험을 벗어날 수 없다는 점에 있었기 때문이다.

브리야사바랭의 『미식 예찬』은 와인의 맛에 관한 언어의 확장에는 큰 기여를 하지 못했지만 음식을 먹는 행위가 주관적 체험을 넘어 사회적 체험이라는 것을 밝혔다. 『미식 예찬』을 통해 강조되는 것은 단순한 먹는 즐거움은 '테이블에서의 즐거움', 즉 다른 사람들과 식사를 하는 즐거움과는 다르다는 것이다. 먹는 즐거움은 "자연적으로 주어지는 것이며, 가장 기본적인 필요를 충족"시킨다. 식욕은 영양분 섭취라는 필요를 알리는 신호이고 그 필요가 충족되지 않는다면 고통이 따른다. 반면 그 필요가 충족되면 "매우 강렬하고 즉각적인 만족감이 생성되면서 개인의 생존이 보장되고, 이는 종의 영속성으로 이어진다". 그러나 다른 사람들과 어울려 식사하는 즐거움은 자연적인 것에서 벗어나 문화적인 것에 접속하는 행위다. 식사를 함께 하는 즐거움은 단순히 먹는 즐거움이 아니라, 그 행위의 세련미와 그로 인한 만족감으로부터 발생한다.(9)

브리야사바랭은 이 두 가지 즐거움을 명확하게 구별한다. 즉 테이블에서의 즐거움은 우리의 생존 욕구, 그리고 그 욕구를 충족시킴으로써 얻어지는 만족감과는 오히려 거리를 두는 것이다. 이 즐거움은 "실제로 욕구가 충족되는 순간보다 선행할 수 있으며, 그로 인하여 기대를 품게 만드는 식으로 표현된다"고 설명한다. 배를 채우지 않은 상태에서도 생기는 만족감이 있음을 강조하는 것이다. "다이닝의 즐거움은 함께하는 즐거움으로, 미학적 체험과 마찬가지로 다른 사람과 그 즐거움을 공유하도록, 서로 교류하고 특히 대접받은 요리의 좋은 점에 대해 토론하도록 부추긴다"고 말한다. 이는 맛이 어떤 형식으로든 언어로 유통되는 것을 전제한다. '혼밥'이 흔해진 요즘 시대에 먹방과 음식에 관한 SNS 피드가 넘쳐나는 현상이 바로 맛 경험의 '사회적' 즐거움에 대한 갈망을 방증한다. 한 테이블에 둘러앉아 이야기하는 대신 미디어를 통해 맛 경험을 (시각)언어로 변환하며 식사의 즐거움을 공유하는 것이다.

우리의 맛 경험은 감각(체험)과 같지 않다. 언어를 통해 맛은 공유할 수 있는 리얼리티가 된다. 맛이 적절한 언어의 옷을 입고 개인적 감각의 차원에서 나와 공적 체험이 가능한 리얼리티의 일부가 되는 것이다. 와인의 맛을 언어로 공유할 수 있다는 것은 그 맛 경험이 폐쇄적인 주관적 영역에서 사회적 영역으로 확장되었다는 것을 의미한다.

감각과 정보의 협상

와인 전문가와 일반인의 경험은 다를까? 와인 전문가는 일반인보다 와인의 맛을 더 잘 느낄 수 있을까?

2001년에 보르도 대학 박사과정 학생 프레데리크 브로셰 Frédéric Brochet가 한 실험은 우리의 의식이 감각 경험에 개입하는 정도가 얼마나 강력한지 보여준다. 그는 두 가지 실험을 했다.[10] 57명의 와인 전문가를 초대해 레드와인과 화이트와인 한 잔씩을 주고 맛을 평가하게 했다. 그들은 레드와인에 대해서는 "맛이 강하고 스파이시하다", "붉은 열매를 짓이긴"처럼 레드와인의 맛을 평가할 때 사용하는 용어를 썼고, 화이트와인에는 "신선하다", "벌꿀 향이 난다"와 같은 화이트와인을 평가할 때 사용하는 용어를 썼다. 놀라운 것은 사실 그 두 잔의 와인이 모두 화이트와인이었다는 사실이다. 그들이 레드와인이라고 생각하고 평가한 것은 화이트와인에 식용색소를 탄 것이었다. 와인 평가가 엉터리라기보다는 시각적 정보가 갖는 강력한 영향력을 드러낸 것이다. 만일 블라인드 테이스팅으로 어떤 것이 레드와인이고 화이트와인인지 골라내는 테스트였다면 다른 결과가 나왔으리라 생각한다.

두 번째 실험의 결과는 좀 더 놀랍다. 중간 등급의 프랑스 보르도 와인을 두 가지 병에 담아 전문가들에게 평가하도록 했다. 한 병에는 그랑 크뤼(최고급 와이너리) 라벨을, 또 다른 병에는 뱅 드 따블르(테이블와인) 레벨을 붙여 내갔다. 전문가들은 그 두 병의 와인에 대해 다른 평가를 내렸다. 전자에 대해서는 "마시기에 기분이 좋고, 나무 향이 나고, 복잡하며, 균형 잡히고 여러 향이 잘 조화된" 맛이라고 평했지만, 후자에 대해서는 "향이 약하고, 지속성이 없으며, 가볍고, 밋밋하며 결함이 느껴진다"라고 평가했다.

두 실험의 결과를 보고 여러 매체에 실린, '전문가도 와인 맛을 구별하지 못한다'는 내용의 기사에서 보듯이 이 실험은 와인 맛의 객관적 평가에 문제를 제기하는 듯하다. 하지만, 사실은 그 반대를 증명하는 것이다. 두 실험은 미각 경험에 영향을 미치는 혀 밖의 요소들이 얼마나 강력하게 작용하는지를 보여준다. 와인의 색과 병의 라벨로 인해 와인이 혀에 닿기 전에 이미 우리의 맛 경험의 틀이 정해진다. 와인의 붉은색을 본 순간 우리의 뇌는 이미 레드와인이라고 접수한다. 혹여나 맛이 레드와인이라고 하기에는 걸맞지 않는 부분이 느껴지더라도 눈으로 확인한 사실을 부인할 수 없다. 우리의 뇌는 합리화를 시작한다. 또 병의 라벨을 본 순간, 맛 경험은 이 와인은 비싼 와인이라는 정보와 협상을 한다. 가격은 와인 전문가들의 검증이 공식적으로 반영된 것이 아닌가? 내 혀를 의심할 수밖에. 비싼 음식을 먹었을 때 맛이 없더라도 우리의 뇌가 그렇지 않다고, 그럴 리 없다고, 오히려 내 입맛이 좀 이상하다고, 스스로를 설득하려 한 경험이 있지 않은가?

　수년 전 뉴욕의 한 유명 레스토랑에서 벌어진 해프닝은 이를 뒷받침한다. 월스트리트의 사업가들이 주문한 2,000달러짜리 보르도산 최고급 와인 무통 로쉴드와 젊은 남녀가 주문한 18달러짜리 피노누아가 바뀌어 제공된 일이 있었다. 같은 디캔터를 사용하면서 혼동된 것이다. 그런데 처음에는 누구도 그들에게 제공된 와인이 그들이 주문한 와인이 아니라는 것을 알아채지 못했다. 비싼 와인을 주문한 사업가들은 잘못 제공된 18

달러짜리 와인의 맛을 극찬하기까지 했다고. 몇 분 뒤 오류를 확인한 지배인은, 두 테이블의 손님들 모두 제공된 와인을 아무 문제 없이 즐기고 있었지만, 그들에게 상황을 제대로 설명했다. 그때서야 사업가들은 무통 로쉴드가 아닌 것 같았다고 말했고, 젊은 커플은 레스토랑의 실수에 완전히 열광했다고 한다. 결국 레스토랑은 2,000달러를 손해 보았다.[11]

블라인드 테이스팅이라면 앞의 실험에 참여한 전문가들은 별문제 없이 두 와인에 대해 적절한 평가를 냈으리라 생각한다. 와인 전문가들의 실수는 그들의 잘못이 아니다. 인간의 뇌는 자신이 아는 정보를 믿도록 설계되었다. 편견이 사실인 것처럼 믿도록. 의견이 마치 실제 감각 경험인 듯 믿도록. 와인 맛에 대한 예상—다양한 정보로 설득당한—이 실제 와인의 질보다 우리의 맛 경험을 결정하는 데 훨씬 강력하게 영향을 미친다. 반대로 생각하면 와인 전문가들의 지식이 우선적으로 작동할 수 있는 환경이라면 와인 전문가의 평가가 일반인들의 평가보다 훨씬 정확할 수 있다.

맛의 전염

〈사이드웨이〉가 개봉된 후 영화에서 마일즈가 가장 좋아한 피노누아의 판매가 1.7배나 늘어난 반면 마일즈가 싫어한 메를

로의 판매는 급격히 감소했다는 연구가 있다. 그 이유는 음식의 선호도에 관한 한 연구의 설명을 보면 알 수 있다. 2019년에 나온 한 연구논문은 사회적 지위가 높은 그룹과 연관성이 있는 음식에 대해 소비자들이 더 맛있게 느꼈다는 결과를 내놓았다. '전염 효과'라는 용어로 이를 설명하는데, 소비자들이 엘리트 그룹과 같은 음식을 소비하면 그들이 가진 무형의 자질들을 얻게 되는 양 생각한다는 것이다.[12] 이런 전염 효과는 요즘 다양한 분야의 유명인과 관련하여 더욱 두드러진다. 무라카미 하루키의 소설 속에 나오는 음식 레시피만 따로 정리해 소개하는 책, 연예인들이 TV나 SNS를 통해 소개하는 레시피, 유명인이 방문한 식당 등이 누리는 인기를 보라.

우리의 일상이, 사적인 친밀감까지 속속들이 미디어와 긴밀하게 얽혀 있는 현시대에서는, 마치 유명인사, 연예인, 영화 속 주인공의 감각적 경험이 SNS를 타고 우리의 감각세포로 전염되는 듯하다. 그리고 SNS의 '인플루언서'들은 이런 전염 효과를 극대화한다. 맛 경험이 점점 더 인스타그램의 시각적 자극에 휘둘리고, 혀 밖의 요소들에 지배를 받는다. 맛의 경험은 다양한 사회적·문화적 영향으로부터 결코 벗어날 수 없다.

**와인의 플레이버, 코에서 한 번,
입에서 한 번, 코와 목에서 또 한 번?**

성명훈

이유 있는 와인 시음법

와인은 벌컥벌컥 마시는 술이 아니다. 플레이버가 입안에서 살아나기까지 시간이 필요하다. 영화 〈사이드웨이〉에서 마일즈가 잭에게 보여준 것처럼, 와인 테이스팅을 할 때는 먼저 근사한 와인 잔에 와인을 조금 따르고—물론 멋들어진 모습으로 말이다—그다음 글라스를 들어 와인의 색을 보고, 와인 잔의 벽을 타고 흘러내리는 액체의 모양을 보고,[13] 와인 글라스의 스템을 잡고 빙글빙글 돌려 공기와 접촉시키고, 머리 공간head space에 향이 가득 차면 코를 넣어 아로마를 감상한다. 그러고는 한 모금 적당량 입에 물고, 입안 점막 전체가 와인과 접촉하도록 와인을 입안에서 굴린 뒤, 천천히 삼키고, 약간의 공기를 들이마신 후, 입을 다물고 숨을 내쉰다. 그리고 그 느낌을 음미한다!

와인을 목으로 넘기기 전까지의 요란스럽기도 한 의례적 절차는 와인을 삼키고 숨을 내쉬면서 그 절정에 이른다. 바로 와인이 입안과 목 안 점막에 접촉하면서 생긴 기화성 향기 물질이 와인을 삼킨 후 내쉬는 숨을 이용해 콧속 후각점막 뒤쪽에서부터 주는 자극이 최고조에 이르는 것이다. 이때 입안 점막에서 느낀 와인의 단맛, 새콤한 맛, 떫은 느낌과 와인이 주는 아로마가 모두 함께 합해지면서 복잡하면서도 부드럽고 좋은 느낌을 주는 플레이버와 느낌을 만든다.

냄새 물질을 감지하는 후각수용체세포는 콧속 점막 윗부분,

양눈 사이 엄지손톱 크기만 한 면적에 분포해 있다. 사람에게는 후각수용체를 가진 후각세포가 500만 개 정도 있다. 이 하나하나의 후각세포에는 단 한 가지 냄새를 감지하는 수용체가 있는데, 사람은 400여 가지의 서로 다른 수용체를 가지고 있다. 생쥐에서는 무려 1,000가지 이상의 수용체가 확인되었다. 각 후각수용체세포가 모여서 10~20개의 가는 후각신경을 이루고 콧속 윗부분에서 뇌와 경계 짓는 매우 얇은 뼈를 지나 두개골 안으로 들어간다.

후각이 플레이버에 미치는 영향은 입안의 미각 자체보다도 더 크다고 말하기도 한다. 코는 숨을 들이마시며 냄새를 느끼기도 하지만 이 코끝에서 느끼는 냄새만 맛에 영향을 주는 것이 아니다. 코의 앞으로부터 냄새를 맡는 정비강후각orthonasal smell과 함께, 음식을 삼키면서 입안 뒤쪽에서부터 콧속 천정 꼭대기에 있는 후각점막을 자극하는 후비강후각이 플레이버를 만드는 결정적 요소다.

우리는 음식물을 씹고 나서 삼킬 때 잠깐 숨을 참고, 곧이어 자연스럽게 숨을 내쉰다. 그러면 인두로부터 올라오는 강력한 냄새 자극을 코의 뒤쪽으로부터 받게 되는데, 이때 미각 자극과 후각 자극이 합해진 복합적인 플레이버가 만들어진다. 와인을 만드는 와이너리를 방문하면 여러 와인을 맛보게 되는데, 이를 평가할 때 입안에서 느낀 후 삼키지 않고 그대로 뱉어내는 경우가 있다. 안타깝게도 이렇게 와인을 삼키지 않고 뱉으면 진정한 플레이버를 느낄 수 없다.

플레이버는 삼키는 동작과 이후에 내쉬는 숨으로 인해 입과 목 안에 떠 있던 냄새 물질이 입안의 뒤쪽으로부터 콧속 후각 수용체세포를 자극하고, 이 후비강후각 신호가 입안의 맛 신호와 함께 뇌를 자극할 때 절정에 이른다. 그래서 전문적인 와인 테이스팅 때는 입안의 와인을 뱉기 전에 점막에 와인을 가득 묻히고 살짝 공기를 마신 후 의도적으로 후비강후각을 유도한다.

사람의 입, 코, 목의 인두와 후두의 구조는 음식을 삼키는 순간 이 후비강후각이 강력하게 작용하도록 절묘하게 만들어져 있다. 지상의 동물 중 인간만이 강력하고 다채로운 후비강후각을 즐기고 있다고 볼 수 있다.

맛을 즐기는 데 특화된 우리 몸

성인은 음식물을 삼키면서 동시에 숨을 쉴 수 없다. 음식물을 입에 넣고 씹는 동안은 숨을 들이쉬고 내쉴 수 있지만, 삼킬 때는 숨을 잠깐 참고 삼킨 뒤 다시 숨을 쉬기 시작한다. 잠시 숨을 참는 동안 후두를 닫아 음식물이 기도로 쏟아지지 않도록 하고 삼키는 것이다. 그런데 놀랍게도 갓난아기들은 젖을 빨면서 숨을 쉰다.

갓난아기의 경우, 성대가 있는 후두가 두개골 바로 밑에 있어 다양한 소리를 만들어내지 못한다. 생후 몇 달이 지나면서 후두가 서서히 아래로 내려오는데, 두 살쯤 되면 목 중간 아래까지 내려온다. 후두가 두개골 아래 있을 때는 후두 입구가 코 후방에 바로 연결되어 엄마 젖이나 분유가 지나는 통로, 즉 먹는 길과 숨을 쉬는 숨길이 기능적으로 분리되어 있다. 그래서 아기들은 신나게 젖을 빨면서 코로도 숨을 잘 쉴 수 있다. 그러다 두 살쯤 후두가 서서히 내려가면서 목젖 부분과 분리되고 '인두'라고 하는 부분이 분명해진다. 인두는 입안 뒤쪽과 혀뿌리의 뒤쪽 공간을 말하는데, 이러한 출생 후 나타나는 후두 하강은 기능적으로 분리되어 있던 '숨길'과 '먹는 길'을 인두에서 교차하게 한다. 성장하면서 이런 구조를 가지게 되면, 우리는 음식을 삼키면서 숨을 쉴 수 없게 된다. 그러나 이때부터 웅얼거리던 아이가 몇 마디씩 온전한 말을 하게 되고, 후비강후각이라는 독특한 감각 능력도 갖게 된다.

인간의 코와 인두, 후두 및 호흡기관은 출생 후에 일어나는 후두의 하강과 얼굴과 턱이 작아짐으로 인해 후비강후각에 매우 유리하게 되어 있다. 침팬지나 고릴라도 출생 시에 후두가 두개골 바로 밑에 있지만 이들은 성장해도 후두가 아래쪽으로 내려가지 않고 그 자리에 있다. 이렇게 다른 포유류들은 기본적으로 기도와 식도가 분리되어 있어 후비강후각 자극이 불가능해 보인다. 인간에서만 유일하게 후두가 아래로 내려가면서 인두가 길어지고, 음식물의 통로와 숨 쉬는 길이 이곳에서 겹

치게 된다. 그래서 음식물을 입에 넣고 씹는 동안 입안과 인두 공간에 떠 있는 냄새 물질이 숨을 내쉴 때 자연스럽게 뒤쪽에서 후각점막을 자극할 수 있다.

그러나 이렇게 후비강후각을 선물하는 인간의 인두는 보다 근본적으로 대단히 복잡하면서도 위험한 기능을 곡예사처럼 수행하고 있다. 입과 코로 들어오는 음식물과 공기가 인두에서 교차하며 각각 식도와 기도로 전달되는데, 음식물이 기도 바로 위를 지나가기에 자칫하면 음식물이 기도를 막아 생명을 잃게 될 수도 있다. 이 점은 찰스 다윈Charles Darwin도 1859년『종의 기원On the Origin of Species by Means of Natural Selection or the Preservation of Favoured Races in the Struggle for Life』에서 "우리가 삼키는 음식과 마시는 음료의 모든 입자가 폐로 떨어지는데, 이런 위험을 가지고 기관 위의 구멍을 음식물이 통과해야 한다는 것은 매우 이상한 사실strange fact 이다"라고 언급했다. 그러나 이렇게 인간에게 큰 위험을 줄 수도 있는 후두의 하강이 궁극적으로 인간에게 언어를 이용한 소통이라는 엄청난 능력을 주고, 후비강후각이라는 천혜의 선물도 주는 구조적 변화였음을 이해하게 된 것은 그로부터 거의 100년 뒤다.[14]

생후에 후두가 하강하는 현상은 인간에게서만 나타나는데, 이것이 인류가 현재의 모습과 문명을 가지는 데 결정적인 구조적 배경이 되었다고 진화문명학자들은 말한다. 미국 UCLA의 재레드 다이아몬드Jared Diamond는 저서『총, 균, 쇠Gun, Germs and

Steel』에서 인류는 약 5만 년 전부터 폭발적이고 급진적인 문명적 발전을 이루었는데, 이것은 인간 사회의 의사소통 능력에 바탕을 둔 것이라고 주장했다.[15] 그는 이것을 '위대한 전진 Great Leap Forward'라고 불렀다. 후두의 하강은 호모사피엔스에게 말할 수 있는 능력을 부여해, 언어를 통해 의사소통하면서 문명을 이루는 데 변곡점이 된 진화 현상이다. 이에 더해서, 후두의 하강과 인두의 형성으로 후비강후각이 가능해진 것도 인간이 두뇌를 발달시키는 큰 진화적 자극이 되었다고 말한다. 예일 대학교의 고든 셰퍼드는 인류가 불을 사용해 요리를 하고, 이로 인해 발생하는 다양한 플레이버로 자극되면서, 이 플레이버를 추구하는 것이 우리가 다른 동물보다 더 큰 두뇌를 가지고, 복잡한 사고를 할 수 있는 능력을 가지게 하는 진화적 압력이 되었다고 말한다.[16] 후두의 하강으로 후비강후각 기능이 생긴 것이 인류가 오늘날 문명을 이룬 원동력의 하나라는 뜻이다.

이렇게 와인의 플레이버를 느끼는 데 후비강후각이 결정적인 역할을 하며 입안의 미뢰에서 느껴지는 단맛, 신맛, 쓴맛 등 기본 맛의 조합과 촉감, 온도와 같이 체성감각수용체로 전해지는 질감이 합해져 와인의 플레이버를 완성한다. 와인은 액체인데, 무슨 질감이 있을까 생각할 수도 있겠지만, 와인이 주는 텁텁하면서 떫은맛은 와인의 폴리페놀 성분이 침 안의 단백질과 결합해 침전하면서 입안 점막에 달라붙는 느낌을 주는 것이다. 이 느낌은 미뢰가 아니라 점막의 촉각수용체를 통한다.

같은 와인이라도 침의 상태에 따라 점막이 당겨지는 듯한 느낌은 달라질 수 있다. 한때 혀의 부위마다 느끼는 맛이 따로 있다는 미각지도 개념이 널리 알려졌을 때 최고급품 와인 글라스 제조사인 '리델'의 CEO 아우구스트 리델August Riedel은 그가 만든 와인 잔의 모양이 아로마를 최대로 만들어내면서, 입안에 와인을 흘려 넣을 때 와인이 혀 점막에서 맛을 느끼는 곳으로 정확하게 이동하게 한다고 주장하기도 했다. 지금은 과거의 미각지도가 잘못되었고, 혀 점막 전체에 모든 맛의 미각수용체가 존재한다는 것이 알려졌다. 따라서 와인을 깊이 맛보기 위해서는 혀 점막과 와인이 충분히 만나야 한다. 삼키기 전 입안에서 혀로 와인을 굴리고, 씹기까지 하면서 말이다.[17] 리델 사는 지금 홈페이지에 포도 품종과 와인 종류에 따라 최적의 모양과 크기를 가진 와인 글라스를 수십 가지 소개하고 있다.

반려견에게도 와인 한잔?

요즘에는 반려동물을 위한 와인도 시중에 나와 있다. 물론 포도를 발효해서 만든 것은 아니다. 포도와 알코올은 개에게 유해하다고 알려져 있다. '도그페리뇽'이라는 재치 있는 이름의 애견 전용 와인은 무알코올에 연어 기름으로 만들었고 한다. 개의 건강을 위해 오메가3 같은 영양소와 입 냄새를 제거해주는 페퍼민트까지 함유하고 있다고. 반려견을 곁에 두고 홀로 와인을 마시기 미안해하는 견주들에게는 반가운 상품일 듯하다.

그런데 설령 개가 와인을 마실 수 있다 해도 사람처럼 와인 맛을 온전히 즐길 수는 없을 것이다. 제아무리 개가 사람보다 냄새를 잘 맡는다 해도 말이다. 그 이유는 개의 구조가 그렇게 생겼기 때문이다.

개는 냄새를 잘 맡도록 특화되어 있다. 코끝에서부터 목으로 넘어가는 곳까지 냄새를 민감하게 맡도록 정교한 장치들이 만들어져 있다. 아니, 코끝 이전부터 냄새를 잘 맡도록 구조화되어 있다고 말하는 것이 더 적절하겠다.

우선 개의 코끝을 보자. 귀여운 강아지의 코는 촉촉하게 젖어 있다. 이렇게 털이 없이 젖어 있는 코의 형태는 많은 포유동물에서 볼 수 있는데, 바람이 불어올 때 냄새 물질을 포획하는 데 마른 코보다 유리하다. 그리고 이 촉촉한 살은 약간 오돌토돌하고 중간에 세로로 홈이 있다. 이 홈은 개의 코밑에서 입안의 비서골기관vomeronasal organ으로 연결되는 구조로, 페로몬과 같은 기화성이 낮은 큰 분자들을 감지하는 데 도움을 준다.

그리고 개는 양쪽 콧구멍 사이의 거리가 어느 정도 떨어져 있고, 각 콧구멍으로 서로 다른 냄새를 맡을 수도 있다. 스테레오로 냄새를 맡을 수 있다는 말인데, 냄새의 성질을 파악할 뿐만 아니라 냄새가 나는 방향도 잘 찾을 수 있다. 촉촉한 코끝으로 바람에 수분이 증발하는 것에 따라 바람과 냄새의 방향을 감지하기도 한다. 게다가 개의 코를 자세히 보면 마치 쉼표(,) 모양같이 중앙에 큰 공기 구멍이 있고, 옆쪽으로 좁은 틈이 있다. 개가 숨을 쉬거나 킁킁거릴 때 들어가는 공기는 가운데로 들어가고 날숨은 가장자리 틈으로 나와서 공기 중의 냄새 분자를 흩트리지 않게 한다. 그리고 이 날숨의 제트 기류는 더 많은 냄새 분자가 중앙의 구멍으로 향하도록 한다. 영국에서 경찰견으로 많이 활용되는 블러드하운드가 특히 후각이 예민하다고 알려져 있는데, 이들의 크고 넓고 기다란 귀는 바닥의 냄새 물질까지 코로 쉽게 퍼져가게 하는 기막힌 구조로 되어 있다.

콧속은 더 큰 구조적인 이점을 보인다. 사람은 냄새를 맡을 때 들숨과 날숨이 한 통로로 들락날락하는 것이 반복된다. 그래서 냄새 분자가 들어가다가 날숨에 의해 도로 나오면서 희석된다. 그런데 개의 코 안쪽에는 후각세포가 모여 있는 윗부분과 목으로 직접 통하는 아랫부분을 나누는 횡단판이라고 하는 구조가 있다. 그래서 개가 킁킁거리면서 숨을 들이쉬고 내쉴 때 냄새 분자들이 서로 섞이지 않고, 위쪽의 냄새 영역으로 집중되게 된다. 이 횡단판은 포유동물에서 전반적으로 관찰되지만, 고등 유인원부터 보이지 않는다. 물론 사람은 없다.

개는 후각을 감지하는 후각점막도 사람보다 넓고 후각세포 수도 많다. 사람의 후각점막은 3~4제곱센티미터 정도인데, 개는 18~150제곱센티미터에 이른다. 후각수용체세포도 사람이 약 500만 개라면, 개는 사람의 60배에 달하는 약 3억 개가 있다. 후각신경세포가 전달되는 후구의 크기도 사람은 약 0.6cc로 몸의 0.01%인데 비해 개는 0.18cc로 몸의 0.3%에 달한다. 그리고 뇌에서 후각을 담당하는 피질의 크기도 더 큰 것으로 판단된다. 이처럼 냄새 감지에 특화되어 진화된 구조 덕분에 개는 사람보다 약 1억 배나 냄새 물질에 민감한 것으로 밝혀졌다. 개 이렇게 후각이 발달했다면, 맛에 대한 감각도 사람보다 더 발달하지 않았을까?

냄새를 탐지하는 구조가 정교하고 이상적으로 발달했다 해도, 플레이버에 결정적인 후비강후각을 감지하는 데는 개가 불리해 보인다. 일단 개는 비인두가 좁고 길다. 그리고 후두개가 연구개와 맞닿아 있어 음식물을 삼키는 통로와 숨을 들이쉬고 내쉬는 통로가 기능적으로 분리되어 있다. 결정적으로 횡단판이 숨을 내쉴 때 날숨과 함께 올라올 수 있는 냄새 분자물질이 후각상피세포로 접근하는 것을 막는다. 이런 구조로 볼 때, 개는 음식물을 삼킬 때 단지 단맛, 짠맛, 쓴맛 등 미각 정보만 뇌로 전달되고, 후비강후각에서 미각과 후각 정보의 융합이 일어날 것으로 보이지는 않는다. 마치 우리가 감기 걸려 코가 막힌 상태에서 음식을 먹는 것처럼 말이다.

맛은 결국 뇌에서 만들어진다

맛과 관련된 감각 신호의 전달 과정을 간략히 살펴보자. 우선 단맛과 짠맛 같은 미각 신호는 혀의 미뢰에서 감지되어 안면신경을 타고 뇌간에 위치한 고립핵nucleus tractus solitarius(말초의 감각기관으로부터 전해지는 감각 신호를 받아들이는 영역)으로 전달된다. 이 신호는 여기에서 다른 신경섬유로 갈아타고 뇌의 중앙부에 있는 시상thalamus을 지나 1차 미각피질이라고 말할 수 있는 섬피질 insular cortex로 연결되고, 이어서 안와전두피질orbitofrontal cortex에 다다른다. 2차 미각피질이라고 할 수 있다. 이 영역은 우리 뇌의 눈 위쪽 안쪽에 위치하는데, 플레이버를 느낄 수 있게 하는 매우 중요한 구조다. 최근의 뇌과학 연구들이 맛 신호와 냄새 신호가 이곳에서 합쳐진다는 것을 밝혔다.

냄새 신호는 이와 전혀 다른 경로를 통한다. 후각 신호는 콧속 위쪽 공간에 위치한 후각점막에서 감지된 후에 바로 뇌 앞부분 바닥에 있는 후구라는 곳으로 전달된다. 여기에서 후각 신호는 특이하게도 다른 감각과 달리 시상을 지나지 않고, 1차 후각피질인 이상피질pyriform cortex을 지나 곧바로 안와전두피질로 전달된다.

한편 입안과 코안에서 음식물의 질감을 느끼는 일반 감각은 삼차신경을 통해 고립핵보다 약간 상부의 뇌간으로 들어와서 시상을 지나 안와전두피질로 전달된다.

우리가 와인을 한 모금 마실 때 이런 복잡한 신경 신호가 입, 코, 목으로부터 만들어져 머리로 전해지고, 순식간에 감각이 이루어지고 느낌이 생긴다.

이처럼 맛과 관련한 다양한 감각 신호는 동시에 여러 경로를 통해 들어온다. 뇌 영상촬영 등을 통한 최근 연구들은 다른 경로를 통해 동시다발적으로 들어온 미각, 후각, 촉각 신호가 안와전두피질에서 융합되고, 융합된 신호가 대뇌피질로 연결되면서 쾌감을 느낀다는 것을 증명했다. 이 신호들이 중추로 들어와서 여러 단계를 거쳐 전달되고 기억, 학습, 정서 상태 등과 상호작용하면서 최종적으로 주관적인 느낌(감각질)을 만들어낸다.

안와전두피질에서 후각, 미각, 촉각, 청각 등의 여러 감각이 융합되는데, 이 단계가 우리가 맛과 플레이버를 느끼는 데 가장 중요하다고 볼 수 있다. 안와전두피질에서의 반응은 자극 유무에 의한 영향보다도 음식물이 주는 보상가치나 쾌감에 따라 반응의 크기가 변화한다. 다시 말하면, 배가 고플 때와 포만감을 느끼도록 먹었을 때 같은 자극에 대해서도 이 단계 영역의 반응이 다르다는 말이다. 자극이 쾌감을 주는지, 싫증 나게 하는지, 혐오감을 일으키는지에 따라 이 영역의 반응이 달라진다. 그러고 나면 이 신호들이 3차 미각피질인 대상피질cingulate cortex과 외측시상하부 등으로 연결되면서 음식물이 주는 선택가치에 따라 계속 먹을지 그만 먹을지 결정하게 하고 이에 따른 행동으로 이어지게 한다. 이런 일련의 반응이 입안에 음식을 넣고 씹은 후 삼킴과 함께 순식간에 일어난다. 놀라운 과정이다.

맛과 기억

정소영

디저트의 유혹

아무리 배가 불러도 디저트를 생략할 수는 없다. 그리고 디저트를 위한 배는 따로 있다는 것이 연구로도 확인됐다. 한 노르웨이 연구팀은 약간의 당분은 꽉 찬 위에 긴장을 풀고 조금 더 먹으라는 신호를 보낸다는 것을 알아냈다.[1] 아무리 배가 불러도 티라미수를 한입만 먹으면, 위는 나머지를 다 먹을 수 있는 여유 공간을 만든다는 것. 정말이지 배가 불러도 티라미수든 라즈베리 타르트든 일단 한입 넣고 나면, 마술처럼 '먹으면 다 들어간다'.

케이크나 파이류 대신 아이스크림이나 과일을 고른다면 위에 그다지 많은 여유 공간이 필요치도 않을 듯하다. 내가 생각하는 완벽한 디저트는 제철 무화과다. 무화과로 만든 그 무엇보다 그냥 무화과 자체. 반으로 자르든 넷으로 나누든, 속이 보이게 잘라놓은 잘 익은 무화과의 모습은 그 자체로 어떤 디저트보다 아름답다. 나는 무화과의 단맛에서 꿀 향을 느낀다. 한입 베어 물면 부드러운 과육과 함께 그 달콤한 과즙이 입안을 가득 채운다. 과육을 씹으면 느껴지는 약간의 쫀득함이 달콤함을 입안에 더 오래 머물게 하고, 촘촘히 박힌 씨앗이 부드럽게 톡톡 씹히면서 즐거움이 배가된다.

그런데 사실 나는 무화과를 너무 좋아하기 때문에 디저트로 만족하지 못한다. 무화과 철이면 아침이나 점심 식사로 먹기도 한다. 아침에는 접시 한가득 잘라놓은 무화과면 충분하다. 점심으로는 무화과에 브리 치즈를 곁들이기도 하고, 무화과와 리코타 치즈에 발사믹 식초를 뿌려 먹기도 한다. 또는 바삭한 토스트 위에 무화과, 리코타 치즈, 프로슈토를 올려서 먹기도 한다. 사실 무화과는 어떤 것과 곁들여도 맛있다. 그런데 나의 이런 무화과 사랑에도 불구하고, 독일의 문학평론가 발터 벤야민 Walter Benjamin에 의하면 나는 아직 무화과를 진정으로 탐식해보았다고 할 수 없다. "어떤 음식을 한계에 다다를 정도로 먹어보지 않았다면 어느 누구도 그 음식을 정말 맛보았다고 또는 그 음식에 완전히 빠져보았다고 할 수 없다. 이렇게 하지 않았다면, 많이 먹어봤댔자 그것을 그저 즐긴 것이다. 그것을 결코 강렬히 욕망한 것이 아니고, 또는 탐욕의 원초적인 숲에 이르는 그 좁고 구불구불한 길에서 벗어난 것이다. 탐식에는 두 가지가 동시에 있어야 한다. 욕망의 한정 없음과 그것을 만족시키는 음식의 일관성."[2]

그의 무화과 탐식 경험은 그의 글만큼 매혹적이다. 벤야민은 뜨거운 태양에 바싹 마른 나폴리의 한 거리를 걷다가 무화과를 파는 노점상을 발견하고 무화과 반 파운드(227g)를 산다. 그런데 나폴리 주부들은 장바구니를 가지고 다니기 때문에, 노점상은 벤야민처럼 여행 중인 사람들에게 담아줄 봉지를 준비해놓지 않았다. 벤야민은 바지 주머니, 재킷 주머니에 무화과를 넣고, 양손에도 가득 들고, 입에도 바로 넣어 먹기 시작한

다. 그리고 그는 그 모든 무화과를 빨리 먹어 치울 생각에 사로
잡힌다. 그는 무화과의 달콤한 향이 양손은 물론 몸에 지닌 모
든 소지품과 주변의 공기에까지 스며들어, 무화과를 먹는다기
보다는 무화과에 "목욕을 하는 것"같다고 생각한다. 그렇게 무
화과를 포식하다가, 그는 포만감과 혐오감을 모두 느낀 후 궁
극적인 맛의 정점을 경험한다. 그는 남은 무화과를 "파괴하기"
위해 먹어 치운다. 그 무화과로부터 해방되기 위해, 자신에게
서 무화과를 모두 없애버리기 위해.

벤야민의 경험담은 탐식을 죄악으로 여긴 철학자와 미식에
방해가 되는 어리석음으로 여긴 미식가, 이 둘의 경고를 모두
무색하게 한다. 적어도 무화과에 있어서만큼은 벤야민의 말이
나에게는 가장 설득력 있다.

기억의 문을 여는 맛

식사를 마치고 드디어 커피로 마무리하려는데 커피와 함께 셰
프의 선물로 작은 디저트가 또 나온다. 다행히 아주 작아서 커
피와 함께 먹으면 스르르 녹아서 혀에 달콤함을 남기고 어느새
배 속으로 사라진다. 이런 한입 크기의 디저트를 '프티 푸르petit
four'라고 부르는데, 프랑스어로 작은 오븐을 뜻한다. 식사 후뿐
만 아니라 차나 커피를 마실 때 곁들이는 자그마한 케이크나

파이 등을 가리킨다.

프티 푸르 중 요즘 카페에서 흔하게 볼 수 있는 것이 마들렌과 피낭시에다. 언뜻 보면 비슷한데, 외관상 차이점은 마들렌은 조개 모양이고 피낭시에는 직사각형이라는 것이다. 만드는 재료에도 차이가 있다. 마들렌은 밀가루, 버터, 달걀, 설탕, 레몬즙이 주재료고, 베이킹파우더가 들어간다. 피낭시에는 밀가루가 소량만 들어가고 아몬드가루가 주재료다. 그리고 달걀은 흰자만 사용하고 팬에서 갈색이 나도록 달군 버터를 넣으며 베이킹파우더는 사용하지 않는다. 마들렌은 피낭시에보다 좀 더 폭신하고 포슬포슬한 느낌이다. 나는 고소한 아몬드 향 가득한 피낭시에를 더 좋아한다. 그런데 유명세로 치자면 상큼한 레몬향이 감도는 마들렌이 단연 승자다. 프랑스 소설가 마르셀 프루스트Marcel Proust 때문이다.

『잃어버린 시간을 찾아서À la recherche du temps perdu』를 읽지 않은 사람이라도 마들렌 하면 프루스트를 떠올릴 만큼 마들렌과 프루스트의 관계는 책과는 상관없이 독자적인 명성을 누린다. '마들렌 모먼트'라고도 불리는 프루스트 효과는 특정한 냄새가 의도치 않게 과거의 기억을 불러일으키는 것을 설명하는 용어가 되었다. 이에 관한 설명은 대부분 프루스트가 어느 날 홍차에 마들렌을 적셔 한입 베어 문 순간, 어릴 적 고향에서 숙모가 내어주곤 했던 마들렌을 떠올리며 그동안 잊혔던 고향에 대한 기억이 끝없이—세상에서 가장 긴 소설이 될 정도로—펼쳐졌다는 것이다.

　그런데 이는 정확한 설명이 아니다. 프루스트에게 잊힌 고향의 기억을 일깨운 것은 마들렌이 아닌 마들렌을 적셨던 차를 마신 순간이다. 마들렌 부스러기가 섞인 따뜻한 차가 그의 혀에 닿는 순간, 바로 그 순간 그는 온몸에 전율을 느끼며 뭔가 특별한 변화가 일어나고 있다는 것을 알아차린다. 그리고 그의 기억은 어릴 적 일요일 아침마다 숙모가 라임꽃차에 적셔서 주었던 마들렌 '부스러기'의 맛으로 연결된다.[3] 마들렌이 아니라 마들렌 부스러기라고 한 것은 마들렌이 차와 섞이면서 내는 플레이버, 마들렌 자체가 아니라 그것이 입안에서 부서지면서 느껴지는 플레이버를 가리키기 위함이다. 그는 마들렌을 제과점에서 자주 봤지만, 마들렌을 맛보기 전에는 아무런 기억이 나지 않았다고 말한다. 오히려 여기저기서 흔하게 보았기 때문에 마들렌을 자신의 어린 시절과 연결하지 못했던 것 같다고까지 말한다. 그러니 여기서 주인공은 마들렌이 아니라 맛이다.

　더군다나 프루스트의 초고에는 마들렌이 아니라 잼을 바른 토스트였다고 한다. 에디터가 마들렌으로 바꾸었다고. 마들렌이 오늘날의 명성을 얻게 된 것은 어쩌면 그 에디터 덕인지도 모르겠다. 조개 모양 마들렌이 아니라 잼 바른 토스트였다면 그 장면이 이토록 아름답게 기억되지 않았을 수도 있을 듯하다. 어쨌든 마들렌 덕분에 예상치 못한 미각적 감흥의 힘이 과학에 앞서 설득력을 얻었다. 시각적 경험과는 구별되는, 오랫동안 하위 감각기관으로 천대받던 미각적 감흥의 힘과 가치가 주목받게 된 것이다.

프루스트가 『잃어버린 시간을 찾아서』를 집필하던 당시 생리학자들은 감각이 뇌 안에서 어떻게 연결되는지 알지 못했다. 프루스트는 우리의 미각과 후각이 기억과 관련 있다는 것을 현대과학에 앞서 알아낸 셈이다. 그는 오랜 시간 동안 다른 모든 것이 그 모습을 잃고 사라졌을지라도, 맛과 냄새는 "영혼처럼" 기다리며 남아 "그 작은 차 한 방울에 응축되어 […] 거대한 기억의 구조물을 품고 있다"고 적었다. 이런 그의 직관적 깨달음은 후에 한 실험의 가설이 된다. 브라운 대학의 심리학자 레이첼 헤르츠Rachel Herz 등은 '프루스트 가설의 실험'이라는 연구에서 우리의 미각과 후각이 다른 감각과 달리 감정적이라는 것을 밝힌다.[4] 이는 시각, 촉각, 청각이 언어와 의식에 관여하는 시상을 통하는 반면, 미각과 후각은 뇌에서 장기 기억을 담당하는 해마와 직접 연결되기 때문이라고 설명한다. 정확히 말하자면 미각신호는 시상을 통과하지만, 우리가 '맛'이라고 부르는 미각적 체험은 음식의 플레이버를 느끼는 것까지를 포함하므로 여기서의 미각은 음식을 먹을 때 일어나는 후비강후각 작용까지를 포함하는 감각 경험으로 이해할 수 있다.

맛, 기억의 매개

맛과 냄새가 의도치 않은 기억을 불러일으킬 뿐 아니라, 그 반대로 작용하기도 한다. 우리는 과거의 특정한 순간을 기억하기 위해, 또는 그 기억을 유지하는 방법으로 음식을 이용한다. 예를 들면 명절 음식의 가장 중요한 기능은 공동체의 역사와 정체성에 대한 집단의 기억을 유지하는 것이다. 그런데 명절 음식이 개개인의 맛 경험과는 큰 상관 없이 공동체적 강제성을 지닌다면, 개인적 기억을 위해서 선택되는 음식은 각자의 맛 경험과 밀접한 관련이 있다. 지금은 곁에 없는 그리운 이를 추억할 때, 어릴 적 따뜻한 보살핌을 받았던 순간이나 행복했던 순간을 되새길 때 음식이 떠오르는 경우가 많은데 이는 그 음식이 특별히 맛있었다고 기억하기 때문이다.

잘 생각해보면 우리가 느끼는 먹는 즐거움은 음식의 맛뿐 아니라 그 음식을 먹는 상황을 구성하는 여러 요소와 밀접하게 연관되어 있다. 맛있는 음식에서 느끼는 순수한 미각적 즐거움도 있지만, 음식의 맛 자체를 위해 로버트 파커가 와인을 시음하듯 호텔 방에서 홀로 먹은 것이 아니라면, 그 즐거움은 음식을 먹은 상황과 함께 기억되고, 또 시간이 지나면서 기억을 통해 증폭된다. 좋은 맛에 대한 기억은 그 경험이 일어났던 상황과 함께 스토리로 저장되어, 어떤 이들의 무용담처럼, 시간이 지나면서 조금씩 진화한다. 그래서 맛에 대한 기억이 음식을 맛볼 당시 경험했던 미각적 감흥보다 오래간다. 어릴 때 먹었던 어떤 음식이 세상에서 가장 좋은 맛으로 기억되는 건 바로 긴 세월 동안 우리의 기억 속에서 그때 경험했던 즐거움, 또는 즐거웠던 그 상황에 대한 그리움이 점점 커졌기 때문일 것이다.

컴포트 푸드가 바로 이런 맛에 대한 기억과 관련이 있다. 컴포트 푸드는 즐거웠던 기억과 연관된 음식으로, 이를 찾는 것은 마음이 편하고 즐거웠던 순간을 기억함으로써 힘들고 우울한 현재 상황에서 빠져나오려는 심리적 노력 또는 기대를 보여준다. 컴포트 푸드를 먹고 한결 기분이 나아지는 것은 음식 자체가 아니라 그 음식과 관련된 개인적인 기억이 작용한 덕분이다. 물론 마음이 아니라 몸이 아플 때 따뜻한 사골국을 먹고 몸이 한결 나아졌다면, 사골국이 신체적 회복에 직접적인 작용을 했다고 볼 수도 있다. 그런데 이런 긍정적인 경험을 통해 사골국이 기억에 새겨지면, 이후로도 몸이 아프거나 마음이 힘들 때, 그 영양학적 효과와 관계없이 치유와 위로를 기대하면서 사골국을 찾게 된다. 이렇게 사골국이 컴포트 푸드가 된다.

이를 뒷받침해주는 한 연구가 있다. 이에 따르면 사람들이 컴포트 푸드를 찾는 이유는 이 음식을 통해 외로움을 덜 느끼고 소속감을 느끼기 때문이다.[5] 이 연구는 다른 사람들과의 관계가 돈독한 사람일수록 말다툼이나 감정적으로 힘든 일을 겪을 때 컴포트 푸드를 찾는다는 것을 알아냈다. 가족 구성원이나 다른 사람들과 친밀한 관계를 유지하고 있는 사교적인 사람이라면 즐겁고 행복한 기억에 반드시 그들과 함께 먹은 '맛있는' 음식이 있을 것이다. 그러니 현재 인간관계에서 스트레스를 받을 때 그 음식을 통해 갈등과 스트레스가 없는 관계를 소환하여 위안을 찾는 것.

위로가 목적이 아니라도 우리는 과거의 즐거웠던 시간과 공간에 대해 기억하고, 이 또한 많은 경우 음식의 '맛'으로 매개된다. 즐거웠던 여행지나 어떤 목적으로든 머물렀던 곳이 그리우면 스마트폰에 저장된 사진을 보거나, SNS에 올린 피드를 보거나, 또는 그곳에서 사 온 기념품을 보며 추억에 잠길 수 있다. 그런데 또 하나의 방법은 그곳의 음식을 찾아서 먹는 것이다. 음식의 향과 맛을 느끼는 것은 사진을 보는 것보다 더욱 감각적인 기억을 가능하게 한다. 프루스트에게 맛을 매개로 기억의 문이 열린 것이 '비자발적'이었다면, 이 경우 맛은 자발적이고 적극적으로 기억을 꺼내는 도구다.

코로나바이러스 팬데믹으로 여행은커녕 외식도 제대로 못하던 2020~2021년 나는 대만 파인애플케이크인 펑리수를 몇 번 샀다. 그전에 펑리수는 대만에 갔을 때나 사 오던 것이었지 서울에서 사본 적은 없었다. 다른 케이크나 과자보다 특별히 좋아하는 것도 아니었다. 그런데 내가 이용하는 온라인 마켓에서 파는 것을 보고 몇 번 주문을 했다. 2020년 1월 코로나바이러스가 우리나라에 확산되기 바로 전 여행을 갔던 곳이 대만이었기에, 대만은 '마지막' 자유를 즐긴 곳인 셈이었다. 그리고 그때 사 가지고 왔던 펑리수는 한동안 다시는 맛볼 수 없을 거라는 아쉬움이 더해져 유난히 맛있었다. 그것을 다 먹자, 팬데믹 전망은 더욱 암울해졌고, 온라인 마켓에서 펑리수를 보자—심지어 홍콩에서 만든 것임에도—대만에 대한(사실은 팬데믹 이전에 누렸던 여행의 즐거움에 대한) 그리움으로 냉큼 주문하게 되었던 것이다.

그리고 이제 펑리수는 나에게 프루스트의 마들렌 같은 존재가 될지도 모르겠다. 먼 미래의 어느 날, 대만의 어느 찻집에서 펑리수를 먹게 되면, 한입 베어 물자마자 부스러지는 페이스트리와 그 안을 채운 파인애플잼의 달콤하고 진한 맛을 음미하며, 코로나바이러스를 겪던 이 시기를 기억하지 않을까.

입맛과 기억

어떤 기억은 맛에 정반대 작용을 한다. 특정 음식은 냄새만 맡아도 속이 울렁거리는 경우가 있지 않은가? 심지어 한때는 좋아하던 음식이 손도 대기 싫어질 수도 있다.

사람들이 가장 오랫동안 나쁘게 기억하는 음식은 먹은 후 배가 아팠거나 토한 경험이 있는 음식이다. 이런 음식은 한 번의 경험만으로도 다시는 쳐다보지도 않게 된다. 음식 자체가 상했거나 문제가 있던 경우도 있지만, 음식이 문제가 아니라 먹는 사람의 몸 상태나 외적인 요인이 작용한 결과일 수도 있다. 그러나 우리의 기억은 음식과 부정적인 경험을 묶는다. 그래서 음식뿐 아니라 때로는 그 음식을 먹은 식당이나 그 지역의 모든 음식이 기피 대상이 될 수도 있다. 이를 조건적 미각혐오 학습 행동이라 한다. 이런 미각에 대한 강력한 연상기억은 생존 전략이기 때문이다. 생명에 위협을 느꼈던 것을 기피하는 것이다.

나의 경우 비빔밥이 기피 음식이다. 꽤 오래전 기내식으로 제공된 비빔밥을 먹고, 모두 토하고도 비행 내내 메스껍고 어지러워서 죽을 만큼 고생한 적이 있다. 내 몸의 상태가 좋지 않아 체해서 그랬을 것이 분명하다. 그러나 그 이후로는 기내식 메뉴에 있는 비빔밥뿐 아니라 모든 종류의 비빔밥을 먹지 않았다. 전혀 먹고 싶은 생각이 들지 않았기 때문이다. 비빔밥을 보면 그때 그 비행기 안에 퍼졌던 비빔밥 냄새가 느껴졌고 곧 속이 울렁거렸다. 지금은 그 정도까지는 아니지만, 여전히 비빔밥은 먹지 않는다. 꼭 먹어야만 하는 경우, 고추장소스를 넣지 않고 위에 올려진 재료를 섞지 않게 한쪽으로 밀어놓은 다음 밥과 반찬을 따로 먹는 형식으로 먹는다. 비빔밥이 아니라고 나 자신을 안심시키는 것이다.

심지어는 내가 좋아하는 초콜릿케이크도 기피 음식 리스트에 올랐던 적이 있다. 참석하고 싶지 않았던 모임에서 강제로 먹어야 했다. 아무리 좋아하는 것이라도 그런 상황이라면 단번에 싫어진다. 한동안 초콜릿케이크는 쳐다보기도 싫었지만, 그래도 초콜릿인지라 비빔밥보다는 빠르고 유연한 협상을 했다. 그 특정 베이커리의 초콜릿케이크만 먹지 않는 것으로.

우리가 어떤 맛을 좋아하거나 싫어하는 것은 대부분 경험을 통한 판단이므로 맛에 대한 선호는 근본적으로 기억과 관련이 있다고 할 수 있다. 그러므로 어떤 음식에 대한 선호도는 그 음식 자체의 맛뿐 아니라 그 음식과 연관된 정서적 요소들의 영향을 받아 형성된다. 기억이 우리의 음식 선호도를 결정하는 데 핵심 요소다.

'입맛'이란 평생 축적된 음식에 대한 경험의 결과다. 그러니 모두의 입맛이 다르고, 시간이 지나면서 변할 수도 있다. 어떤 음식에 대한 경험은 뇌는 기억을 못 할 수도 있지만, 몸이 기억한다. 왠지 손이 안 가는 음식이 있다면 전혀 먹어본 적 없는 생소한 것이거나, 언젠가 먹었는데 그 경험이 별로 좋지 않았을 것이다. 왠지 맛있게 느껴진다면 함께한 사람이 마음에 들거나, 먹는 순간 무슨 이유에서든 기분이 좋았을 것이다.

평소와 다른 특별한 식사의 경험이 기억에 오래 남는다. 그런데 그런 경험일수록 사실 우리의 기억이 간직하는 것은 그때 먹었던 음식이나 그 맛이 아니라, 그 상황이다. 함께 있었던 사람들, 그때 일어났던 기분 좋은 일…. 음식을 기억한다 해도 정확하지 않은 경우가 많다. '뭘 먹었는지는 모르겠는데 굉장히 맛있었던' 기억만 남는 경우도 있다. 먹을 때 느꼈던 감정이나 사회적 요소들이 음식의 맛보다 오래 기억이 남는다. 이는 브리야사바랭의 말처럼 진정한 미식의 경험은 무엇보다도 사회적 행위임을 증명하는 것이기도 하다.

디저트, 달콤하거나 씁쓸하거나

성명훈

달콤함을 거부할 수 없는 이유

식사를 맛있고 배부르게 하고도 달콤한 디저트가 당긴다. 우울하거나 힘들고 지친 하루를 보내고 나서도 역시나 단것이 생각난다.[6] 이 단맛에 대한 갈망은 과연 어디에서 오는 것일까? 단맛은 유혹적이고 중독적이다. 그런데 이 유혹은 입안에서 단맛을 느끼고 싶다는 충동이기도 하지만, 우리가 의식하지 못하는 사이에 배 속에서도 우리에게 충분한 당분을 섭취하도록 요구한다.

맛은 입안에서부터 감지되고, 뇌에서 느껴진다. 갓난아기를 보면 알 수 있듯이 우리는 단맛을 태생적으로 좋아한다. 갓난아이들이 쓴 것을 맛보면 얼굴을 찡그리고 외면하지만, 단맛에 웃음을 띠고 행복한 표정을 짓는 것은 주위에서도 쉽게 관찰할 수 있다. 최근의 초음파 관찰은 엄마 배 속의 태아도 단맛을 가진 성분이 양수에 들어오면 웃는 것 같은 행복한 표정을 짓고 쓴맛에 표정이 나빠지는 것을 보여주었다.[7]

우리가 단맛을 좋아하는 것은 단맛을 가진 당분을 몸과 뇌가 원하기 때문이다. 무게로 볼 때 뇌는 우리 몸의 약 2%이지만, 약 20% 이상의 에너지를 소비하고, 당분의 절반 이상을 소비한다. 포도당이 몸과 뇌에서 가장 빨리 사용할 수 있는 연료다. 스트레스를 받는 상황에서 뇌는 더 많은 에너지를 요구하게 되고, 그래서 단 음식을 더 찾게 된다.

입안에 들어온 당분은 단맛수용체를 자극한다. 그리고 단맛 수용체는 단맛 물질과 느슨하게 결합하기 때문에, 새로운 단맛 자극이 올 때마다 새로운 반응을 보이기 쉽다고도 한다. 앞 장의 마지막 부분에서 설명했다시피, 감지된 신호는 안면신경 등을 따라 뇌의 고립핵으로, 이어서 시상을 지나 뇌의 앞쪽에 있는 안와전두피질, 그리고 대뇌피질에 이르러 '달다, 맛있다, 좋다'는 느낌이 떠오르게 된다. 안와전두피질은 맛과 냄새 신호가 융합되는 매우 중요한 영역이다. 안와전두피질 이전 단계에서는 맛 자극의 유무와 맛의 세기에 따라 맛에 대한 신경 반응이 나타나고 달라진다. 최근의 뇌과학 연구는 안와전두피질 이후 과정에서는 자극의 유무와 세기를 넘어서서 이 자극이 만족을 주는지, 불쾌감을 주는지와 같은 보상적 가치에 따라 뇌의 반응이 영향을 받는다는 것을 시사한다.

만족을 주는지 아닌지, 기분을 좋게 하는지 그렇지 못한지 자극의 보상적 가치를 판단하는 뇌의 시스템은 신경세포의 전기·화학적 경로가 뇌의 여러 부분에 걸쳐 연결되어 있는 매우 복잡한 그물망이다. 이 보상시스템은 음식에 대해서만 작동하는 것이 아니다. 사교적 행동, 성적 행동, 니코틴과 헤로인 같은 약물, 알코올도 이 보상시스템을 작동하게 한다. 이 시스템이 너무 활발해지면 자제력을 상실하고, 갈망을 참지 못하게 된다. 보상시스템의 반응은 뇌 안의 신경전달물질 도파민의 분비와 관련된다.

도파민이 과다하게 분비되면 뇌는 도파민 생산을 줄이거나 도파민수용체를 줄여서 균형을 유지하려 한다. 이런 상태에서 자극이 줄어들면 만족감도 같이 줄어들고, 뇌는 자극이 높은 상태를 다시 갈구하게 되기 쉽다. 이것이 바로 중독이 시작되는 상태다. 당분은 약물만큼 강하지는 않지만 도파민을 방출하면서 일종의 중독 상태를 만든다. 음식 중에 순수한 당분만큼 도파민을 유도하는 것은 드물다. 탄수화물이라도 채소는 섬유질이 많고 상대적으로 당도가 낮아 도파민 유도 효과가 낮다.

한편 먹은 음식은 배 속으로 내려가서 결국 내장에 도착한다. 입안뿐만 아니라 소장에도 단맛수용체를 가진 세포가 있고 이를 통해서 당분을 소비하고자 하는 욕구를 조절하고 만들어내는 기전이 최근에 발견되었다. 입안에서 단맛을 느끼는 것과 무관하게, 십이지장에 있는 신경족neuropod이라는 특수한 세포가 칼로리를 가진 진짜 당분과, 칼로리는 없으면서 단맛수용체와 결합해서 단맛으로 위장하는 사카린이나 아스파탐과 같은 인공 당 대체제를 구별해낸다.[8] 이 수용체들은 단맛을 주는 물질과 결합해서 반응하지만, 이 물질이 진정한 열량을 가진 당분인지 그렇지 않은지를 구별하고, 미주신경을 통해 뇌로 신호를 보낸다. 실험동물에게 설탕물을 먹인 뒤 뇌 조직을 검사해보자 뇌간에 있는 고립핵이 활성화된 것을 확인할 수 있었다. 설탕물을 입으로 먹이지 않고, 튜브를 통해 위로 직접 투여해도 이 핵은 활성화되었다. 그런데 인공 당 대체제 투여에는 반응하지 않았다. 이 과정을 매개하는 중요한 신경전달물질도 확인되었는데, 바로 글루탐산이다. 단맛을 감지하는 과정에서 역할하는 신경전달물질이 감칠맛의 주인공인 글루탐산이라는 점도 맛 자극끼리 가지는 묘한 연관성을 보여준다. 신경족 세포가 진정한 당분을 감지하면 뇌로 진짜 당분이 들어온다는 신호를 보내, 뇌에서는 포만감이 일어나 더 이상 먹지 않게 한다. 또 몸이 인슐린을 더 생산해서 먹은 당분을 처리해야 한다는 신호를 내보내 우리 몸이 균형을 찾도록 해준다. 칼로리 없는 인공 당 대체제가 자극할 때는 이런 반응이 유도되지 않는다. 입안에서는 단맛을 느껴도 소장에서 나오는 영리한 신호로 뇌는 당분이 충분하지 않다는 것을 알게 되고, 만족감이 제대로 생기지 않아 계속 음식물을 섭취하게 되기 쉽다.

이렇게 단맛수용체는 혀끝에서 우리가 좋아하는 단맛으로 우리를 유혹해 긴요한 에너지원인 당분을 놓치지 않게 하면서, 우리 몸속 내장에서는 단맛으로 위장된 당 대체제와 진정한 당분의 존재를 구별해 위장된 단맛에 만족하지 말고 더욱 당분을 섭취하도록 유도하고 있다. 입안과 내장에 있는 단맛수용체는 몸이 살아가는 데 필요한 에너지원, 영양소인 당분을 확보하기 위해 자연이 만들어낸 정교한 이중 탐색 장치인 셈이다.

달콤한 디저트의 쓰디쓴 진실

우리가 맛을 알고 느껴온 지 수천 년이 되었지만 20세기에 들어서야 혀의 미뢰에서 맛을 느낀다는 지식이 확립되었다. 그리고, 100여 년이 흐른 뒤에야 미뢰의 감각세포 표면에 맛을 감지하는 수용체가 있으며 이 수용체와 맛 물질이 결합함으로써 우리의 뇌가 여러 맛을 감지한다는 사실을 알 수 있게 되었다.

단맛은 음식물에 탄수화물이 있다는 것을 알린다. 달콤한 디저트의 중요한 재료는 설탕(자당)이다. 앞서 말한 대로 설탕은 포도당과 과당이 1:1로 결합된 것이고, 맛의 세계에서 단맛의 표준이다. 설탕을 이루는 포도당은 보편적인 생물학적 연료이고, 살아 있는 모든 것의 에너지원이다. 동물뿐 아니라 식물도 이 생물학적 연료를 교환하거나 획득해서 살아간다. 동물의 경우 포도당은 용액 상태로 혈관을 따라 이동하고, 식물의 경우 자당 형태로 체관을 통해 이동한다. 포도당과 함께 과일에 들어 있는 과당은 새콤달콤한 맛으로 씨앗을 널리 퍼트려줄 동물을 강하게 유혹한다. 과육은 식물의 유전자를 퍼뜨리기 위한 멋진 포장인 셈이다.

식물처럼 식음료회사도 이른바 '과일 수법'을 쓰는 것 같다. 식품회사에서는 효소를 이용해 옥수수시럽의 포도당 일부를 과당으로 전환해서 고과당 옥수수시럽high-fructose corn syrup(HFCS)을 만든다. HFCS는 아주 달고, 값도 싸다. 게다가 맛도 기막

히게 좋아서 많은 식음료회사가 가공식품과 음료 대부분에 HFCS를 첨가한다. 미국에서는 과당 소비량이 지난 30년간 두 배로 증가했다.

그런데 과당이 비만과 대사증후군 같은 질환을 일으키는 데 주요한 역할을 한다는 증거가 수두룩하다.[9] 과당이 문제가 되는 것은 엄연한 당분이고 열량도 포도당과 같은데, 우리 몸이 이를 당분으로 제대로 인식하지 못하기 때문이다. 과당은 에너지 섭취와 체내 저장을 담당하는 호르몬의 작용을 혼란시킨다. 예를 들어 오렌지주스 한 잔을 마신다고 하자. 오렌지주스의 자당은 위에서 과당과 포도당으로 나뉜다. 포도당은 당으로 감지되어 먹고 싶다는 신호를 보내는 '굶주림 호르몬' 그렐린의 분비를 억제하기 시작하고, 탄수화물 대사를 조절하는 인슐린 호르몬을 분비해서 몸에 들어온 에너지를 사용하고 조절한다. 그런데 과당은 인슐린 분비를 이끌지 않기 때문에 과당의 과도한 열량은 몸의 여러 세포에서 활용되지 못하고, 식욕을 억제하는 렙틴이 상승하도록 하지도 않으며, 시상하부에 이제 그만 먹으라는 신호를 보내지도 않는다. 그래서 우리는 계속 먹게 된다. 과일이나 과일주스, 제로콜라 같은 것을 마실 때 '이제 그만 먹어야지' 하는 생각이 쉽게 들던가?

또한 과당은 장에서 흡수된 후 간에서 대사와 분해 과정을 거친다. 포도당은 모든 장기가 나누어 에너지원으로 소비하지만, 과당은 거의 다 간으로 간다. 섭취한 오렌지주스의 열량 절반이 간에서 처리된다는 말이다. 이때 간은 포도당 부하의 약 20%도 처리해야 하기 때문에, 과당까지 합해서 오렌지주스 열량의 60%를 대사, 분해해야 한다. 이렇게 과당이 간을 혹사시키는 것이다! 한 제약회사 광고의 "간 때문이야 간 때문이야" 하는 노래가 주장하는 간 혹사의 주범은 알고 보면 알코올뿐만이 아니다. 과당도 한몫한다.

앞서 말한 대로 많은 가공식품에 사용되는 단맛을 위장한 인공 당 대체제도 진정한 만족감을 주지 못해 지속적인 섭취를 유도한다. 그리고 역시 가공식품에 많이 사용되는 과당도 몸에 지방 축적을 쉽게 일으킨다. 비만 환자가 과당 대신 같은 열량을 녹말성 식품으로 대체해 섭취하면 몸무게가 줄고, 며칠 만에도 대사 상태가 개선될 수 있다.[10]

과당의 만행은 또 있다. 많은 양의 과당을 지속적으로 먹다 보면 간에 위험 수준의 지방이 쌓이면서 지방간, 대사증후군, 제2형 당뇨병 같은 다양한 문제가 생길 수 있다. 그래서 과일은 껍질째 먹는 것이 과당의 흡수를 느리게 하는 데 도움이 된다. 그런데 껍질을 벗기지 않은 과일라도 믹서에 갈면 섬유소가 많이 파괴되어 이런 효과가 없어진다.

이런 메커니즘을 알고 나니 식사의 마지막을 장식하는 디저트가 무겁고 부담스러워졌는가? 앞의 긴 설명은 단것은 몸에 필요하지만 지나치면 위험하다는 상식적인 말로 요약할 수 있다. 그래서 열량을 생각한다면 디저트로 설탕과 지방이 적은 신선한 생과일을 껍질째 먹는 것이 적절하다.

많은 디저트가 단맛을 가진 이유를 혹자는 마지막에 달콤한 디저트를 제공해 아이들이 밥을 잘 먹도록 유도하는 것이라고도 하지만, 뇌의 보상시스템을 제대로 자극해서 만족감을 주기 위해서는 제대로 된 당분이 필요하고, 중독적 요소도 필요하다. 식후의 단 디저트는 단것으로 만족감을 주고, 이제 단 것을 충분히 섭취해서 식사를 마칠 때가 되었다는 마침표를 찍는 의미가 있다.

달콤함과 함께 즐기는 쓴맛

디저트로 달콤한 케이크도 매력적이지만, 쓴맛이 감도는 커피나 차도 후식으로 빼놓을 수 없는 음식이다. 우리는 어떻게 쓴맛도 즐길 수 있게 되었을까?

생물이 살아가는 환경에서 쓴맛은 독성을 나타내는 맛이다. 그래서 우리 인간은 생존을 위해서 쓴맛에 대한 거부감을 태어나면서부터 본능적으로 갖고 있다. 그렇지만 개인마다 정도의 차이가 있지만, 우리의 미각이 쓴맛을 즐겁게 받아들일 수 있다는 것도 확실하다.

인간은 반복적인 경험과 학습을 통해 쓴맛에 대한 거부감을 극복하고 쓴맛을 즐기기까지 하게 되었다. 성인들은 커피나

차, 술 같은 쓴맛을 가진 음식을 기호식품으로 즐기고, 냉이와 씀바귀 나물도 맛있게 먹는다. 쓴맛에 대한 역치는 성별에 따라 큰 차이는 없지만, 사춘기 이후의 여성, 특히 임산부들이 쓴맛에 더 민감한 경향이 있다. 이 책을 열심히 읽은 사람은 쉽게 예상하듯이 태아와 아이를 지키려는 본능과 관련 있을 것으로 추측한다.

커피는 대표적인 쓴맛 음료다. 하지만 너무 심한 쓴맛은 커피 맛을 망칠 수도 있다. 커피에는 1,000여 가지 화학물질이 있는데, 이 중에서 20~30가지가 쓴맛에 관여한다고 본다. 흔히 카페인이 커피 쓴맛의 주성분이라고 생각하지만 최근 연구결과는 그렇지 않다는 것을 보여준다. 카페인은 커피 쓴맛의 15% 정도 역할을 한다. 카페인이 들어 있는 레귤러 커피와 디카페인 커피의 맛이 비슷한 것을 생각해보면 쉽게 수긍이 갈 것이다. 디카페인 커피는 레귤러 커피에 비해서 카페인이 5% 미만인 경우가 많다.

2007년 미국화학협회는 독일 뮌헨기술대학의 토마스 호프만Thomas Hoffman 교수의 연구결과를 인용하면서 커피의 쓴맛은 로스팅 과정을 통해 생기는 커피 원두 속 클로로겐산의 분해산물이 가장 크게 기여한다고 밝혔다. 커피 원두의 클로로겐산은 로스팅 과정에서 클로로겐산 락톤과 페닐인단으로 분해된다. 클로로겐산 자체는 그다지 쓰지 않으나 그 산물인 클로로겐산 락톤과 페닐인단이 쓴맛을 주는 주성분이다. 특히 강한 로스팅을 할 때 페닐인단이 많이 생성되고, 쓴맛도 더 강하다. 클로겐산의 양은 재배 방법이나 품종에 따라 다르고, 로스팅을 오래 할수록 페닐인단의 함량도 많아지기 때문에 커피의 쓴맛도 이에 따라 달라진다.[11]

일반적으로 선호되는 커피는 쓴맛이 아주 두드러지지 않고 다른 맛과 조화를 이루는 커피다. 로스팅 과정에서 생기는 쓴맛이 다른 플레이버와 균형을 이루어 전체적인 맛에서는 쓴맛이 너무 강해서 불쾌하게 느껴지지 않아야 한다. 많은 대형 커피전문점에서 판매하는 커피는 다크로스팅한 원두를 사용해 쓴맛이 강한 편이다. 에스프레소가 더 쓴 것도 같은 원리다.

쓴맛 나는 음식 중에서도 커피만큼 널리 인기 있는 기호식품도 없을 것이다. 커피의 인기는 어떻게 설명할 수 있을까? 한 잔의 커피에는 카페인을 포함해 매우 많은 화학물질이 있지만 그 효과와 기능이 밝혀진 것은 일부에 지나지 않는다. 그리고 이 화학물질의 조합과 농도는 커피 원두에 따라, 커피를 내리는 방법이나 환경에 따라, 첨가되는 성분에 따라 다르고, 또 만드는 이와 마시는 이에 따라 그 맛과 느낌이 천차만별이다. 커피가 기호식품이 된 데는 분명 카페인에 대한 의존성이 주요 요소로 작용한다. 카페인 의존성에 의해 본능적으로 거부하던 쓴맛이 익숙해지고, 더 나아가 미묘한 쓴맛의 변조를 즐기게 된다. 이처럼 쓴맛에도 불구하고 의존성이 생기게 하는 카페인과 동반된 플레이버, 상황적인 요소나 분위기가 커피가 기호식품의 대명사가 되도록 하는 데 한몫했다.

이처럼 쓴맛은 학습과 경험에 의해서 혐오하는 맛에서 선호하는 맛으로 변화할 수도 있다. 그런데 모든 사람이 쓴맛에 대해서 본능적인 거부감을 극복할 수 있는 것은 아니다. 쓴맛에 대한 감수성과 민감도는 사람마다 제법 다르다. 이는 쓴맛을 감지하는 미각수용체 유전자의 차이 때문이기도 하다.

쓴맛 감수성의 유전

주위를 보면 채소를 즐기고 잘 먹는 사람이 있는 반면, 질색하고 억지로 먹는 사람이 있다. 술이나 커피도 마찬가지로 호불호가 갈린다. 이렇게 채소, 술, 커피 등의 쓴맛에 대한 서로 다른 반응은 유전자의 차이에도 기인한다. 100여 년 전 우연히 일어난 시작된 페닐티오카르바미드(PTC)라는 화학물질을 둘러싼 작은 사고가 오늘날 미각 현상을 이해하는 데 큰 변곡점을 마련해주었다. 1931년 화학회사 듀폰의 화학자 아서 폭스Arthur Fox가 흰색 가루로 된 PTC를 가지고 실험을 하던 중에 잘못 쏟아 가루가 공중에 퍼지게 되었다. 때마침 이 가루를 조금 들이마시게 된 옆의 동료는 아주 강한 쓴맛을 느꼈는데, 폭스는 놀랍게도 아무런 맛도 느끼지 못했다. 그래서 연구소의 다른 사람들도 테스트해보니, 일부는 폭스처럼 아무 맛을 느끼지 못했지만 많은 사람이 쓴맛을 느끼는 것을 발견했다.

이때까지도 미각은 본질적으로 모든 사람이 동일하다고 여겨졌고, 만약 맛을 다르게 느낀다면, 그것은 기분이나 기질, 경험이나 훈련 탓이라고 여겼다. 아이들이 방울양배추를 싫어하는 것은 생물학적인 문제가 아니라 훈육이 잘못된 것이라고 생각했다.[12] 그런데 이 PTC에 대한 사람들의 서로 다른 반응을 통해 멘델식 유전을 하는 또 다른 형질이 발견된 것이다. 폭스는 일련의 미각 실험을 통해서 "이 특성은 나이, 인종, 성별과 연관이 없다. 모든 집단 안에 이 맛을 느끼는 사람과 맛을 느끼지 못하는 사람이 있다"는 것을 《사이언스_Science_》지에 발표했다. 이어서 미각에 대한 과학적 조사가 선풍적으로 일어났다. 1932년 미국과학협회 학회장에서 무대에 기계를 설치하고 참가자들에게 이 물질의 맛을 평가하도록 하는 실험을 하기도 했다. 참여자 중 약 28%는 아무런 맛을 느끼지 못한 반면, 약 65%는 쓴맛을 느꼈고, 6%는 이를 다른 맛으로 느꼈다. 여러 가족을 대상으로 한 연구를 통해서도 이 맛에 대한 감수성이 유전되는 것임을 확인했고, 맛을 느끼지 못하는 사람은 두 개의 열성 유전자를, 맛을 느끼는 사람은 하나 또는 두 개의 우성 유전자를 보유한 것을 알게 되었다.

이어서 전 세계 각지에서 나이, 인종, 사회적 지위가 다른 사람들을 대상으로 미각 테스트가 이루어졌다. 당시는 대공황 시절이었기 때문에, 이 테스트가 가난한 남자들을 불임시키기 위한 우생학적 계획이라는 음모론도 있었다. 1941년에는 캐나다 온타리오주에 살던 다섯쌍둥이도 검사를 받았다. 이들은 그때까지 유아기를 넘겨 살아남은 최초의 다섯쌍둥이였다. 테스트를 받을 때 이들은 여섯 살이었는데, 여러 가지 맛 물질을 이용한 테스트 중 PTC에 대해서는 모두 동일하게 쓴맛을 느꼈다.

지금은 직접적인 유전자 검사를 통해서 PTC/PROP[13]를 감지하는 쓴맛수용체, T2R38의 유전자 염기 구조도 확인되었다. 1960년대 들어서면서, 세포 표면에서 일어나는 외부 자극 물질과 세포벽에 있는 수용체의 작용에 의해 세포 내에서 전기 반응이 켜지고, 이 신호가 신경과 뇌로 전달된다는 개념이 수립되었다. 20세기 말에 시작된 인간유전체사업human genome project에 힘입어 2000년 쓴맛수용체를 만드는 유전자의 구조가 파악되었고, 이어서 단맛·감칠맛수용체의 유전자 구조도 밝혀졌다.

10년 넘게 진행된 이 사업은 2003년에 완결되었는데, 그 초기 자료들은 A, C, G, T—즉 DNA를 구성하는 염기인 아데닌, 사이토신, 구아닌, 티민—으로 된, 문자 그대로 해독하기 어려운 '암호 문서'였다. 그런데 쓴맛수용체 유전자의 정체는 이 암호와도 같은 컴퓨터 데이터베이스로부터 발견되었다. 컬럼비아 대학의 미각연구실에서 일하던 대학원생 켄 뮬러Ken Mueller가 이 뒤죽박죽 문자들의 일부 코드가 이미 알려진 수용체들의 유전자들과 매우 비슷하다는 것을 발견했다. 결국은 이 코드가 7번 염색체 위에 위치하는 쓴맛수용체 유전자라는 것을 알아냈고, 이 내용은 찰스 주커 교수 팀에 의해서 두 편의 논문으로 《셀*Cell*》지에 발표되었다.[14] 이어서 더 많은 쓴맛수용체가 속속 발견되어, 현재까지 사람에게서 25가지가 확인되었다.

생물학자들은 지금은 1930년대부터 관찰된 PTC/PROP에 대한 서로 다른 쓴맛 반응이 쓴맛수용체 T2R38의 유전자에 몇 가지 다른 형태가 존재하기 때문이라는 것을 알게 되었다. T2R38 유전자의 가장 민감한 타입을 가진 사람은 가장 둔감한 타입의 사람보다 PTC의 쓴맛에 대해 100~1,000배나 더 민감하다. 전 세계적으로 이 유전자의 분포는 비슷해서, PTC에 아주 강한 쓴맛을 느끼는 사람이 약 4분의 1, 쓴맛을 전혀 느끼지 않는 사람이 약 4분의 1, 중간 정도로 쓴맛을 느끼는 사람이 나머지를 이룬다. 일반적으로 여성이 더 역치가 낮고, 즉 쓴맛을 더 잘 느끼고, 서구 유럽인들이 잘 느끼지 못하는 경향이 있다. 한국인을 대상으로 경북대학교 연구진이 소규모로 조사한 연구 등에서는 약 20%가 PTC/PROP의 맛을 느끼지 못하는 미맹으로 나타났다.[15] 이처럼 인간은 다양한 미각 민감도를 가지고 있다. 얼굴이 서로 다르듯이 모든 사람은 저마다 다른 맛의 세계를 가지고 있다. 쓴맛에 민감한 타입 사람은 쓴맛을 가진 물질을 민감하게 감지할 수 있지만, 쓴맛의 묘미를 즐기기에는 불리하다.

쓴맛의 생태계

독성을 가진 쓴맛 물질 대부분이 식물로부터 나온다. 먹이사슬의 아래쪽에 있는 식물이 만드는 물질 중에 탄수화물, 단백질, 핵산, 지질 등 세포의 기능 수행에 직접적으로 관여해 식물의 생존과 생장에 기본적이고 필수적인 역할을 담당하는 물질을 일차대사산물이라고 한다. 이들과 달리, 식물의 생존에 필수적이진 않지만 생명체가 생존하고 번식하는 데 이익이 되도록 하는 유기화합물을 이차대사산물이라고 한다. 알칼로이드, 글리코사이드, 폴리페놀 같은 이차대사산물이 대부분 쓴맛을 가진다. 식물은 이런 쓴맛을 가진 이차산물을 만들어 줄기나 잎에 저장했다가 병충해의 침입이나 초식동물을 방어할 때 유용하게 활용한다. 많은 야생종 식물은 쓴맛이 강하다. 이들 중에는 독성을 가진 것도 많다. 또한 몸에 유해한 병원균들도 흔히 쓴맛 물질을 만든다. 자연에서 나오는 유독성 물질들은 쓰거나, 시거나, 자극이 강하고, 황 냄새가 나는 것이 많다. 이렇게 식물의 쓴맛은 기본적으로 독성이 있다는 신호이고, 동물들은 생래적으로 쓴맛을 거부한다. 심지어 벌레들도 쓴맛을 싫어하는 게 관찰되었다. 그런데 인간은 이렇게 흔히 쓴맛을 주는 이차대사산물을 도리어 유용하게 이용하고 즐기기도 한다. 우리가 요즘 먹는 채소들은 오랜 기간 품종 개량을 통해 쓴맛은 줄이고 단맛이 강해지도록 한 것들이 많다. 약효를 가진 이차대사산물이

'좋은 약은 입에 쓰다'는 말을 만들었을 것이다.

다섯 가지 기본 미각 중 단맛이나 감칠맛수용체 기능이 아예 없는 동물도 있지만, 쓴맛을 전혀 느끼는 못하는 동물은 거의 없다. 쓴맛이 음식물에 독성이 있는지 아닌지를 판단하는 생존과 직결된 기능이기 때문에 진화 과정에서 사라지지 않고 항상 유지되어온 것이다.

흥미로운 사실은 맛이 쓴 식물만 먹는 초식동물이 육식동물에 비해 쓴맛에 덜 민감하다는 것이다. 그도 그럴 것이 초식동물은 풀을 먹어야 하므로, 다양한 쓴맛을 맛보면서 안전한 풀을 찾아야 한다. 반면 다른 동물의 살코기를 먹는 육식동물은 식물 자체를 먹을 일이 거의 없기 때문에 낮은 농도의 쓴맛에도 민감하게 반응하며 이를 적극 회피한다. 즉 쓴맛수용체의 다양성은 낮지만, 쓴맛 존재를 알아내는 민감도는 초식동물보다 높다. 고양잇과의 호랑이, 사자, 고양이는 12개의 쓴맛수용체를 가지고 있다. 돌고래, 펭귄, 바다사자는 쓴맛수용체를 포함해서 미각시스템이 거의 없다. 쓴맛 나는 식물성 먹이를 먹지 않기 때문에 쓴맛을 감지하는 수용체가 기능을 잃은 것이고, 먹이를 통째로 삼키는 습성으로 인해 미각시스템 자체가 퇴화한 것이다. 미각수용체가 없으니 이들은 '맛도 모르고' 먹이를 먹는 셈이다. 전적으로 동물의 피만을 빨아먹는 흡혈박쥐도 쓴맛을 느끼지 못한다. 생쥐에는 쓴맛수용체가 35개 이상 있고, 닭에는 3개가 있다. 잡식성 동물이 쓴맛을 감지하는 수용체 수가 더 많은 경향이 있다. 극단적인 잡식성 동물인 인간의 쓴맛수용체는 다른 영장류의 쓴맛유전자 수와 비슷하지만, 35개 이상을 가진 설치류에 비하면 훨씬 적다. 이는 인간이 미각으로 독성을 판단할 필요성이 줄어들고 있는 진화의 방향을 반영하는지도 모른다.

맛을 맛보다

맛이라는 감각은 지구상에 생명이 나타나면서부터 존재했을 것이다. 호모사피엔스도 수십만 년에 걸친 진화와 문명의 발달 속에서 맛을 느끼고, 맛을 만들어왔다. 맛과 감각에 관한 사유도 인류의 역사와 함께했다.

세계에서 가장 오래된 문헌 중의 하나인 《아유르베다 *Ayurveda*》에서는 식물의 맛을 단맛, 신맛, 짠맛, 쓴맛, 매운맛, 떫은맛의 여섯 가지로 나누고 각각의 맛에 상당히 상세한 설명을 했다. 예를 들면 "짠맛은 입맛을 돋운다. 그러나 너무 많이 먹으면 순환에 장애를 일으킨다"고 기술하고 있다.[1] 이는 염분 섭취가 과도할 때 심혈관계에 발생하는 악영향을 지적하는 현대의학과 일맥상통하는 내용이다. 공자孔子도 맛에 대한 생각을 여러 곳에서 기술했다.《논어論語》〈팔일八佾〉 편에는 "단맛이 모든 맛을 받아들이고, 백색은 모든 색을 받아들인다甘受和白受采"라는 구절이 있다.《중용中庸》4장〈지미장知味章〉에서는 "사람이면 마시고 먹지 않는 이가 없지만, 능히 그 맛을 잘 아는 이가 드물다人莫不飮食也鮮能知味也"라고 말한다. 맛에 관한 보다 상세한 기술은《서경書經》에도 있다. 〈홍범洪範〉 편에 보면 쓴맛, 짠맛, 신맛, 단맛, 매운맛의 오미五味를 오행의 순서인 "수화목금토水火木金土"에 대응해서 짠맛, 쓴맛, 신맛, 매운맛, 단맛이 각각의 오행 요소로부터 생성된다고 설명한다. 흥미롭게도 공자는 여기에서 다른 감각에 비해 맛감각을 매우 중요하게 언급한다.〈홍범구주洪範九疇〉 마지막 부분에서 "오행에는 색, 소리, 맛과 같은 여러 가지 속성이 있으나, 맛의 속성이 백성들이 사용하기에 '간절'하기 때문이다鹹苦酸辛甘者 五行之味也 五行 有聲色氣味 而獨言味者 以其切於民用也"라고 따로 기술하고 있다. 오행의 여러 감각적 속성 중에서도 미각을 특별히 강조한다. 인간이 외계를 감지하는 감각 중에서 시각, 청각 정보가 다른 감각의 정보보다 비중이 더 크고, 현대 사회에서는 더욱이 그렇다고 생각되지만,《서경》에 기술된 맛의 강조는 일찍이 고대 중국 사회에서 미각을 생존과 직결되는 매우 중요한 감각으로 인식하고 있었음을 보여준다.

고대 그리스의 철학자 아리스토텔레스는 감각에 시각, 청각, 후각, 미각, 촉각의 다섯 감각이 있다고 하고, 맛 자극은 몸과 접촉해야 한다고 믿고 미각을 촉각의 한 부분이라고 생각했다. 그는 〈영혼에 관하여De Anima〉에서 색깔에도 흑백이 있고 이들의 배합이 모든 중간색을 만들 듯이 맛에도 단맛과 쓴맛이 있어 이 둘의 배합으로 모든 중간 맛이 만들어진다고 했다.[2] 그는 또 단맛, 쓴맛, 짠맛, 신맛, 매운맛, 떫은맛의 여섯 가지 기본 맛을 열거하고, 단맛과 쓴맛이 짠맛과 신맛에 의해서 변화되는 맛의 상호관계도 언급했다.[3] 중세를 거치면서 감각에 관한 논의가 이어졌지만, 서구의 학문 세계에서 미각과 후각은 시각이나 청각에 비해 '하위 감각'이라고 인식되면서 깊이 탐구되지 않았다.[4] 근대 이후 서구 철학의 무대에서는 감각에 대한 논의가 이성에 비해 낮게 취급되고, 심지어 그 자취를 찾아보기 어렵게 되었다.[5] 19세기에 들어서야 맛이라는 감각에 과학적으로 접근하기 시작했고, 미각의 기본이 되는 다섯 가지 맛을 확인하게 된 것도 불과 100년 남짓이다.

우리는 매일 여러 차례 음식을 먹고 맛있는 것을 즐긴다. 음식을 먹는 이유는 몸에 필요한 영양소를 취하기 위함인데, 우리는 맛없는 것보다 맛있는 것을 좋아한다. 먹을거리에 '맛'이라는 속성이 있고, 우리에게 맛을 느끼는 기능이 존재하는 근원적인 이유는 어떤 것이 몸에 이롭고 필요한지, 아니면 해로운지를 구별하는 것이다. 몸에 이로운 것은 맛있고, 해로운 것은 쓰고 시다.

코로나바이러스 감염으로 많은 사람이 맛과 냄새를 잃었다고 토로한다. 다행히도 몇 주 사이에 대부분 이 기능을 회복한다. 그런데 나이가 들면서 청력이 나빠지듯이, 미각과 후각 기능도 감퇴한다. 맛과 냄새를 느끼지 못한다는 건 삶의 즐거움을 잃는 것일 뿐만 아니라 영양 섭취를 제대로 하지 못하게 되어 생존에 중대한 위협 요소가 될 수도 있다.

단맛은 몸에서 필요한 에너지원인 탄수화물의 존재를, 짠맛은 전해질 나트륨의 존재를, 감칠맛은 단백질의 존재를 알린다. 쓴맛과 신맛은 독성물질 또는 음식물의 부패를 알린다. 이것은 수억 년에 이르는 장구한 진화 과정의 결과다. 인간만이 두 발로 서고 걸으며 양손을 자유롭게 쓰고, 불을 이용해 요리를 시작했다. 이것은 뇌 기능의 엄청난 발달도 가져왔다. 맛과 플레이버를 느끼게 해주는 입, 코, 목의 특별한 구조는 모든 동물 중에서 유일하게 사람만 갖추고 있다. 게다가 사람은 쓴맛과 신맛을 이용해서 먹거리에 변화를 더하고, 다채로운 맛의 세계를 만들었다. 현대사회에서도 맛의 기능은 공기와 같다. 생존에 필요하고 삶의 즐거움을 더해준다. 그런데 그 귀중함을 잃기 전에는 잘 모른다.

우리의 다섯 감각은 다른 감각에 영향을 받는다. 그냥 소리만 듣는 것과 눈으로 보면서 소리를 듣는 것은 다른 느낌을 준다. 음악도 열정적인 지휘자나 연주자의 모습에 영향을 받는다. 맛과 플레이버를 느끼는 데는 미각, 후각뿐만 아니라 오감이 동원된다. 냉장고에서 방금 꺼낸 사과와 깎은 지 오래된 사과, 믹서에 간 사과주스는 같은 사과지만 맛이 다르다. 음식을 먹는 환경과 분위기도 맛을 좌우한다. 음식을 통해 뇌로 들어오는 모든 감각이 입과 코의 미각, 후각, 촉각과 더불어 머릿속에서 경험과 기억을 합해 나만의 맛 경험을 만들어준다.

맛은 혀끝에서 시작하지만 머릿속에서 만들어진다. 같은 맛을 가진 음식도 사람과 환경에 따라 다르게 느껴진다. 혀끝에서 시작한 맛이 음식을 씹고 삼키면서 순식간에 미각, 후각, 촉각이 융합되어 플레이버가 되고 자신만의 느낌이 된다. 혀끝에서는 맛 물질의 화학적 성질을 알지만 뇌 속에서 플레이버가 환경과 분위기에 따라 기억, 학습, 훈련, 감정 등과 섞여서 주관적인 '느낌'이 떠오른다.

이렇게 맛은 매우 복합적이다. 다섯 가지 기본 미각이 여러 조합을 만들고, 후각, 촉각과 같은 다른 감각과도 융합되면서 뇌 속에서 경험과 기억에 영향을 받는다. 요리는 여러 재료가 서로 다른 조합을 이루고 변성되어 오묘하고 다채로운 맛을 제공한다. 같은 재료로 같은 음식을 만들어도 다른 맛을 주는 요리가 되고 사람마다 다른 맛을 느낀다. 입안으로 들어오는 음식물의 물리적·화학적 성질을 감지하는 순간부터 뇌 안에서 만들어내는 주관적 느낌 사이에는 엄청난 변화가 있다. 이것은 맛의 각 요소와 다른 감각을 더하는 것만이 아니다. 이들 사이에는 빼기, 곱하기, 나누기 과정도 있다. 이 모두가 함께 작용하는 종합적인 창발의 과정이다.

맛에 대해서 우리는 많은 경험이 있고 각자 고유한 맛의 세계를 즐긴다. 그러나 같은 음식도 어제와 오늘의 맛이 다르고, 남과 나의 느낌이 다르다. 입안에서의 화학적 자극이 어떻게 머릿속에서 느낌으로 나타나는지, 남과 다른 주관적이고 독특한 경험을 내게 새롭게 더해주는지 우리는 점차 알아가고 있다. 과학은 다섯 가지 기본 맛 외에도 지방 맛이나 진한 맛(고쿠미濃厚味) 같은 여섯 번째, 일곱 번째 맛의 요소도 찾아내고 있다. 그러나 아직은 맛의 과정을 연결하는 수많은 고리를 다 알지 못한다. 맛이라는 느낌이 어떻게 생기게 되는지, 일차적인 감각과 기억, 경험, 감정이 어떻게 어우러져 새로운 느낌을 만드는지, 그 과정을 이해하는 것은 철학과 과학의 '난제'다.

우리는 맛있다거나 맛없다고 느끼는 이유를 아주 조금 메뉴에 따라 살펴보았다. 맛 경험이란 매우 복합적이고 융합적인 터라 이를 분석하고 조각내어 살피는 게 과연 적절한지 내내 고민도 많았지만, 식재료와 요리법을 제대로 이해함으로써 더욱 다양한 요리가 개발될 수 있는 것처럼, 맛을 이루는 요소와 과정을 살피다 보면 더 좋은 맛을 만들고 즐길 수 있겠다는 기대도 생겼다. 모쪼록 이 책이 우리가 매일 마주하는 음식의 맛과 그 맛이 전하는 의미와 가치를 온전히 느끼는 데 도움이 되었으면 좋겠다.

공저자를 대표하여

성명훈

주

프롤로그

(1) M. Montanari, *Food Is Culture*, A. Sonnenfeld (trans.) (New York: Columbia University Press, 2006).

(2) Bob Holmes, *Flavor: The Science of Our Most Neglected Sense* (New York; London: W. W. Norton & Company, 2017).

(3) Choi, J. H., Lee, J., Yang, S., & Kim, J. (2017). "Genetic variations in taste perception modify alcohol drinking behavior in Koreans", *Appetite*, 113(2017), pp. 178-186. https://doi.org/10.1016/j.appet.2017.02.022

(4) Peter Klosse, *The Essence of Gastronomy: Understanding the Flavor of Foods and Beverages* (Boca Raton: CRC Press, 2014).

(5) Gordon Shepherd, *Neurogastronomy: How the Brain Creates Flavor and Why It Matters* (New York: Columbia University Press, 2012).

(6) Charles Spence, *Gastrophysics: The New Science of Eating* (New York: Penguin Books, 2017).

샐러드

(1) Cecile Morris, "Impact of Product name and Seasonal Context on the Sensory Evaluation of a Seasonally Themed Beverage", *Journal of Sensory Studies* 33, no. 2(April 2018). https://doi.org/10.1111/joss.12320

(2) Cari Romm, "The World War II Campaign to Bring Organ Meats to the Dinner Table", *The Atlantic*(September 2014)에서 재인용. https://www.theatlantic.com/health/archive/2014/09/the-world-war-ii-campaign-to-bring-organ-meats-to-the-dinner-table/380737/

(3) Charles Michel et al., "A Taste of Kandinsky: Assessing the Influence of the Artistic Visual Presentation of Food on the Dining Experience", *Flavour* 3, no. 7(2014), pp. 1-11. https://doi.org/10.1186/2044-7248-3-7

(4)   Sarah T. Peterson, *Acquired Taste: The French Origins of Modern Cooking*(Ithaca & London: Cornell Univrsity, 1994), p. 186.

(5)   Luca Vercelloni, *The Invention of Taste*(London: Bloomsbury, 2017).

(6)   Mark Kurlansky, *Choice Cuts: A Savory Selection of Food Writing from Around the World and Throughout History*(New York: Ballantine Books, 2001), chap.17, Kindle Edition.

(7)   Alexander Dumas, *Alexander Dumas' Dictionary of Cuisine*, Louis Colman(ed. & trans.)(London: Kegan Paul, 2005 / Routledge, 2013).

(8)   Ibid., p. 22-33.

(9)   Jonathan Silvertown, *Dinner with Darwin; Food, Drink and Evolution*(The University of Chicago Press, 2017).

(10) P. A. S Breslin & G. K. Beauchamp, "Salt Enhances Flavour by Suppressing Bitterness", *Nature*, vol. 387(1997), p. 563.

(11) R. S. Schallenberger, *Taste Chemistry*(New York: Springer, 1993).

(12) Bijal P. Trivedi, "The finer points of taste", *Nature*, vol. 486, special issue(2012).

(13) Ian Randall, "Why Adding Salt Makes Fruit and Candy Sweeter", *Science*(2020). doi:10.1126/science.abf1394

(14) Yuki Oka et al. "High Salts Recruits Aversive Taste Pathways", *Nature*, vol. 494(2013), pp. 472-475.

(15) 염鹽, salt은 화학적으로 산성의 음이온과 염기성의 양이온이 정전기적 인력으로 결합하고 있는 이온성 화합물을 말한다. 우리 식탁 위의 소금 은 바로 나트륨(양이온, Na+)과 염소(음이온, Cl-)가 합해진 염이다.

(16) R. G. Ellulu, "Physiology of the Salivary Glands", *Cummings Otolaryngology-Head and Neck Surgery*, 6th edn.(Philadelphia: Saunders, 2015), chap. 83, p. 1208.

(17) N. A. Hodson & R. W. A. Linden, "The Effect of Monosodium Glutamate on Parotid Salivary Flow in Comparison to the Response to Representatives

of the other Four Basic Tastes", *Physiology & Behavior*, vol. 89(2006), pp.711-717.

(18) 펩타이드 결합으로 연결된 짧은 아미노산의 사슬.

(19) Sebastiano Venturi & Mattia Venturi, "Iodine in evolution of salivary glands and oral health", *Nutrition Health*, 20(2)2009, pp. 119-134.

수프

(1) 이 글에서 참고한 책은 영어 원작이다. Min Jin Lee, *Pachinko*(New York: Grand Central Publishing, 2017), Kindle Edition.

(2) Ibid., chap. 15. 인용한 부분은 글쓴이의 번역으로, 한국에서 출간된 번역본과 다를 수 있다.

(3) David Downie, *A Taste of Paris: A History of the Parisian Love Affair with Food*(New York: St. Martins Press, 2017).

(4) 이 책에서는 1907년 영국에서 출간된 영어 번역본을 참조했다. August Escoffier, *A Guide to Modern Cookery*(London: William Heinemann, 1907).

(5) Ibid., chap. 1.

(6) 김성윤, "공복 김선생—세계 최고 요리사가 알려주는 스페인 냉국 '가스파초'", 《조선일보》(2020년 7월 24일). https://www.chosun.com/site/data/html_dir/2020/07/21/2020072101530.html

(7) Alice B. Toklas, *The Alice B. Toklas Cookbook*(New York: Harper Perennial, 1954).

(8) https://www.britannica.com/topic/gazpacho

(9) Peter Burke, *Cultural Hybridity*(Cambridge, UK: Polity, 2009).

(10) Edward E. Said, *Culture and Imperialism*(New York: Vintage, 1994), pp. xxv-xxvi.

(11) Immanuel Kant, *Anthropology from a Pragmatic Point of View*, Robert B. Louden(ed. & trans.)(Cambridge: Cambridge Univ. Press, 2006; orig. publ. 1789), pp. 50-51.

(12) Frank A. Geldard, *The Human Senses*, 2nd ed.(New York: John Wiley, 1972), p. 480.

(13) 우마미旨味,うま味는 '감치다' '맛있다'란 뜻의 우마이うまい와 '맛'이라는 뜻의 미味의 조어로, '기분 좋은 맛' '향긋한 맛'을 의미한다. 우리말로는 흔히 '감칠맛'이라고 하며, 영어로는 세이버리savory, 중국어로는 시안웨이鮮味에 해당한다.

(14) Jonathan Silvertown, *Dinner with Darwin: Food, Drink and Evolution* (Chicago: University of Chicago Press 2020), chapter 5, p. 58.

(15) Nobuhiko Ikeda, "New Seasonings", Chemical Senses, vol. 27(2002), p. 847; Bernd Lindenmann et al., "The Discovery of Umami", Chemical Senses, vol. 27(2002), pp. 843-844.

(16) Nirupa Chaudhari et al., "A Metabotropic Glutamate Receptor Variant Functions as a Taste Receptor," *Nature Neuroscience* 3, no. 2(2000), pp. 113-119. doi:10.1038/72053

(17) Jonathan Silvertown, *Dinner with Darwin: Food, Drink and Evolution*, chapter 5, p. 57.

(18) Linda Bartoshuk & Derek J. Snyder, "Taste", D. W. Pfaff(ed.), *Neuroscience in the 21st Century*(Springer, 2013), chapter 23, p. 790.

생선

(1) James N. Davidson, *Courtesans & Fishcakes: The consuming passions of classical Athens*(London: William Collins, 1998).

(2) Jean-Louis Flandrin, "Seasoning, cooking, and dietetics in the Late Middle Ages", *Food: A Culinary History from Antiquity to the Present*, Albert Sonnenfeld(ed.), Clarissa Botsford et al.(trans.)(New York: Columbia University Press, 1999), pp. 313-327.

(3) John Archer, *Every Man His Own Doctor*(Loondon: Peter Lilicrap, 1671), p. 3-4, 11.

(4) Aristotle, "Sense and Sensibilia", 436b15, Jonathan Barnes(ed.), *Complete Works of Aristotle*(Princeton: Princeton University Press, 1984), vol. I, p. 694.

(5) Michel Eyquem de Montaigne, "Of Experience", *The Complete Essays of Montaigne*, Donald M. Frame(trans.)(Stanford, CA: Stanford University Press, 1965 ; orig. publ. 1580, 1588), pp. 815-857, 832.

(6) Thomas Reid, *The Works of Thomas Reid, D. D.*, Sir William Hamilton(ed.), 7th edn., 3 vols.(Edinburgh: Maclachlan and Stewart, 1872 ; orig. publ. 1785), vol. I, p. 491.

(7) John Locke, *An Essay Concerning Human Understanding, Book 2*(Philadelphia: Kay & Troutman, 1847), chap. 3 'Of Ideas of one Sense', p. 86.

(8) Luca Vercelloni, *The Invention of Taste*, Kate Singleton(trans.)(London: Bloomsbury, 2005).

(9) Muriel Barbery, *Gourmet Rhapsody*, Alison Anderson(trans.)(New York: Europa Editions, 2009), Kindle Edition.

(10) Jean Anthelme Brillat-Savarin, *The Physiology of Taste*, M. F. K. Fisher(trans.) (New York: Alfred A. Knopf, 2009), Meditation 2.

(11) Jonathan Silvertown, *Dinner with Darwin; Food, Drink and Evolution*, p. 68.

(12) Harold McGee, "How evolution has adapted their muscles", *On Food and Cooking*(New York: Scribner, 2004).

(13) Jonathan Silvertown, *Dinner with Darwin; Food, Drink and Evolution*, p. 76

(14) 코리네박테리움 글루타미쿰은 의료에도 활용될 수 있는 많은 생명공학적 물질 생산에 기여한다. 세팔로스포린 같은 항생제의 중간유도체를 비롯한 많은 아미노산을 생산하는 데도 활용된다. Hideaki Yukawa & Masayuki Inui(ed.), *Corynebacterium glutamicum: Biology and Biotechnology*(New York: Springer, 2013).

(15) Jonathan Silvertown, *Dinner with Darwin: Food, Drink and Evolution*, p. 76.

(16) A. E. Russon et al., "Orangutan Fish Eating, Primate Aquatic Fauna Eating, and Their Implications for the Origins of Ancestral Hominin Fish

Eating," *Journal of Human Evolution* 77(2014), pp. 50-63. doi:10.1016/
j.jhevol.2014.06.007 ; Jonathan Silvertown, *Dinner with Darwin: Food, Drink
and Evolution*, p. 576.

파스타

(1)   Sara Jenkins, "In Italian Food, What's Authentic and Does It Really Even
      Matter?," *The Atlantic*(February 2012). https://www.theatlantic.com/
      health/archive/2012/02/in-italian-food-whats-authentic-and-does-it-really-
      even-matter/253346/

(2)   John F. Mariani, *How Italian Food Conquered the World*(New York: Palgrave
      Macmillan, 2011); Eric Martone(ed.), *Italian Americans: The History and
      Culture of a People*(Santa Barbara, California: ABC-CLIO, 2016).

(3)   John F. Mariani, *How Italian Food Conquered the World*, p. 52.

(4)   손덕호, "타드 샘플 잇쎈틱 대표 '인스타에 국내 정통 외국식당 발굴해 올려
      차별화'", 《이코노미 조선》 253호(2018년 6월 4일). http://economychosun.
      com/client/news/view_print.php?t_num=13557&tableName=article_2005_
      03&boardName=C00&t_ho=253&t_y=&t_m

(5)   Sidney Wilfred Mintz, *Tasting Food, Tasting Freedom: Excursions into Eating,
      Power, and the Past*(Boson, MA.: Beacon Press, 1996), chap. 7.

(6)   FAO, "Staple foods: What do people eat?", Corporate Document Repository.

(7)   국제 학명 표기 지침에 따라 유전자는 이탤릭체로, 단백질은 이탤릭체
      가 아닌 정자체로 표기한다.

(8)   Huabin Zhao et al., "Pseudogenization of the Umami Taste Receptor Gene
      Tas1r1 in the Giant Panda Coincided with Its Dietary Switch to Bamboo",
      Molcular Biology ans Evolution 27(12)(2010), pp. 2669-2673.

(9)   Shancen Zhao et al., "Whole-genome Sequencing of Giant Pandas Provides
      Insights into Demographic History and Local Adaptation", *Nature Genetics*
      45(1)(2013), pp. 67-71

(10) Itan Y et al, "The Origins of Lactase Persistence in Europe", *PLoS Computational Biology* 5(8)(2009). doi:10.1371/journal.pcbi.1000491

고기

(1) Elizabeth Rozin & Paul Rozin, "Culinary themes and variations", *The Taste Culture Reader: Experiencing Food and Drink*, Carolyn Korsemeyer(ed.) (London: Bloomsbury, 2016), pp. 34-41.

(2) Elizabeth Rozin, "Flavor Principles", *The Taste Culture Reader: Experiencing Food and Drink*, Carolyn Korsemeyer(ed.)(London: Bloomsbury, 2016), p. 42.

(3) Elizabeth Rozin & Paul Rozin, "Culinary themes and variations," p. 35-36.

(4) Claude Fischler, "Food, Self and Identity", *Social Science Information* 27, no. 2(1988), pp. 275-292.

(5) Eric Kim, "Bulgogi, Any Way You Slice It," *The New York Times*(July 23, 2021). https://www.nytimes.com/2021/07/23/dining/bulgogi-recipes.html

(6) Josée Johnston & Shyon Baumann, *Foodies: Democracy and Distinction in the Gourmet Foodscape*(New York: Routledge, 2014).

(7) 다음의 예시를 참조하라. https://www.bbcgoodfood.com/recipes/beef-bulgogi-stir-fry ; https://www.allrecipes.com/recipe/246592/spicy-beef-bulgogi/

(8) Yong-Yeol Ahn et al., "Flavor network and the principles of food pairing", *Scientific Reports* 196(2011).

(9) John McQuaid, *Tasty: The Art and Science of What We Eat*(New York: Scribner, 2015), p. 232.

(10) 캡사이신은 다른 화학명으로 8-Methyl-N-vanillyl-trans-6-nonenamide라고도 부른다. 이름에서 알 수 있듯이 캡사이신에는 바닐릴기vanillyl가 있다. 고추에서 캡사이신은 바닐릴아민vanillylamine이라는 중간물질에서 만

들어지고, 바닐라의 핵심 성분인 바닐린vanillin도 바닐릴기를 가진다.

(11) 캡사이신은 제1아형 바닐로이드 수용체vanilloid receptor subtype 1와 결합한다.

(12) Harold McGee, *On Food and Cooking: The Science and Lore of the Kitchen*(New York: Scribner, 2004), p. 394.

(13) Celine Riera et al., "TRPV1 Pain Receptors Regulate Longevity and Metabolism by Neuropeptide Signaling", *Cell*, vol. 157(2014), pp. 1023~1036.

(14) John McQuaid, *Tasty: The Art and Science of What We Eat*(New York: Scribner, 2015), p. 181.

(15) John Allen, *The Omnivorous Mind*(Cambridge: Harvard Univ. Press, 2012), p. 90.

(16) Paul Rozin, "Psychobiological Perspectives on Food Preferences and Avoidances", Marvin Harris & E. B. Ross(ed.), *Food and Evolution: Toward a Theory of Human Food Habits*(Philadelphia: Temple Univ. Press, 1987), pp. 181~205 ; James Gorman, "A Perk of Our Evolution: Pleasure in Pain of Chilies", *The New York Times*(September 20, 2010).

(17) John McQuaid, *Tasty: The Art and Science of What We Eat*, p. 181.

(18) 2000년대 이후의 새로운 계통분류로 파충류와 조류를 합하여 석형류蜥形類 Sauropsida 또는 용궁류龍弓類라고 한다.

(19) Joshua Tewksbury & Gary P. Nabhan, "Seed Dispersal: Directed Deterrence by Capsaicin in Chillies", *Nature*, vol. 412(2001), pp. 403~404.

(20) 화학명으로 S-allyl-L-cysteine sulfoxide, allylsulfinyl alanine 등 여러 가지 다른 이름도 있다.

와인

(1) Vivino.com의 영문 앱 버전을 인용했다. 통계는 리뷰가 추가로 등록되는 대로 실시간으로 변한다.

(2) https://www.wine.com/product/mer-soleil-reserve-pinot-noir-2018/701674

에 인용된 것 참조.

(3) Cyrus Redding, *A History and Description of Modern Wines*(London: Whittaker, Treacher & Arnot, 1833), p. 353.

(4) https://www.wine.art/romanee-conti.html

(5) Carolyn Korsmeyer, *Making Sense of Taste*(Ithaca & London: Cornell University Press, 2014), chap. 1, Kindle Edition.

(6) Plato, *The Laws*, Trevor J. Saunders(trans.)(Harmondsworth, Middlesex, England: Penguin Books, 1970), p. 104-105.

(7) Maynard A. Amerine & Edward B. Roessler, *Wines: Their Sensory Evaluation*, rev. ed.(New York: W. H. Freeman, 1976, 1983)

(8) https://www.therealreview.com/2020/05/04/nobles-wine-aroma-wheel ; Elin McCoy, *The Emperor of Wine: The Rise of Robert M. Parker, Jr. and the Reign of American Taste*(New York: Ecco, 2005), p. 269.

(9) Jean Anthelme Brillat-Savarin, *The Physiology of Taste*, Meditation 14.

(10) Gill Morrot, Gil, Frédéric Brochet, & Denis Dubourdieu, "The color of odors", *Brain and Language* 79, no. 2(2001), pp. 309-320.

(11) https://www.decanter.com/wine-news/new-york-restaurant-mistake⊠mouton-rothschild-1989-446051-446051/

(12) Pierrick Gomez & Nathalie Spielmann, "A Taste of the Elite: The Effect of Pairing Food Products with Elite Groups on Taste Perceptions", *Journal of Business Research* 100(2019), pp. 175-183. https://www.sciencedirect.com/science/article/pii/S0148296319301857.

(13) 이 현상은 액체 사이의 표면 장력 차이로 생기는 마랑고니 효과Marangoni effect 때문인데, 흔히 '와인의 눈물Tears of wine'이라고 불린다. 알코올이 표면장력이 낮고 기화성이 높아 먼저 기화하면서, 보다 높은 표면장력을 가진 물 성분이 더 많은 액체를 끌어올리는 현상이다. 그래서 벽면에 묻은 액체의 중력이 이 힘보다 클 때까지 벽면을 타고 서서히 흘러내리게 된다.

(14)   V. Negus, "The Evolutionary History of Man from the Evidence of the Nose and Larynx", *AMA Arch Otolaryngol*, vol. 66(1957), pp. 414-429.

(15)   Jared Diamond, *Guns, Germs, and Steel*(New York: W. W. Norton and Co., 1997), p. 39.

(16)   Timothy Rowe & Gordon Shepherd, "the Role of Ortho-Retronasal Olfaction in Mammalian Cortical Evolution", *J Comp Neurol*, vol. 524(2016), p. 471-495.

(17)   Gordon Shepherd, *Neurogastronomy*(New York: Columbia University Press, 2012), p. 25.

디저트

(1)   Ingrid Spilde, "Why You Always Have Room for Dessert," *sciencenorway. no*(December 19, 2011). https://sciencenorway.no/foods-forskningno-norway/why-you-always-have-room-for-dessert/1413209.

(2)   Walter Benjamin, "Fresh Figs", *Selected Writings: 1927-1930, vol. 2, part 1*, Michale W. Jennings et al.(eds.), Rodney Livingstone et al.(trans.)(Cambridge: The Belknap Press of Harvard Univ. Press, 1999), p. 358.

(3)   Marcel Proust, *Remembrance of Things Past: Volume I—Swann's Way*, C. K. Scott Moncrief(trans.)(New York: Vintage Books, 1982), Planet eBook.

(4)   Rachel Herz & Jonathan W. Schooler, "A Naturalistic Study of Autobiographical Memories Evoked by Olfactory and Visual Cues: Testing the Proustian Hypothesis", *American Journal of Psychology* 115, no. 1(2002), pp. 21-32.

(5)   Jordan D. Troisi, Shira Gabriel, Jaye L. Derrick & Alyssa Geisler, "Threatened Belonging and Preference for Comfort Food among the Securely Attached," *Appetite* 90(2015), pp. 58-64. http://dx.doi.org/10.1016/j.appet.2015.02.029.

(6)   Achim Peters, "Why Do We Crave Sweets When We're Stressed", *Scientific*

American Mind*, vol. 30(3)(May/June 2019).

(7)   Beyza Uston et al., "Flavor Sensing in Utero and Emerging Discriminative Behaviors in the Human Fetus", *Psychol Science*, vol. 33(2022), p. 1651-1663.

(8)   Winston W. Liu & Diego V. Bohórquez, "The neural basis of sugar preference", *Nature Rev Neuroscience*(25 July 2022).

(9)   Jonathan Silvertown, *Dinner with Darwin: Food, Drink and Evolution*, p. 208 ; R. H. Lustig, *Fat Chance: Beating the Odds against Sugar, Processed Food, Obesity, and Disease*(London: Penguin, 2012).

(10)   R. H. Lustig et al., "Isocaloric Fructose Restriction and Metabolic Improvement in Children with Obesity and Metabolic Syndrome", *Obesity* 24, no. 2(February 2016). doi:10.1002/oby.21371

(11)   American Chemistry Society, "Battling Bitter Coffee: Chemists Identify Roasting As The Main Culprit"(2007) https://www.sciencedaily.com/releases/2007/08/070821143629.htm

(12)   John McQuaid, *Tasty: The Art and Science of What We Eat*.

(13)   Eliot Adler, Mark A. Hoon, Ken L. Mueller, Jayaram Chandrashekar, Nicholas J. Ryba, Charles S. Zuker, "A novel family of mammalian taste receptors", *Cell* vol. 100(6)(March 2000), pp. 693-702. doi:10.1016/S0092-8674(00)80705-9. PMID 10761934. Accompanying paper in *Cell*: Jayaram Chandrashekar et al., *Cell* 100, pp. 703-711.

(14)   예미경·신태현, 〈미맹의 표현형과 유전자형의 관계〉, 《대한이비인후과학회지》 15(2008), pp. 1124-1129.

(15)   페닐티오카르바미드에서 약간의 유황 냄새가 나고 안전성에 문제가 있어서, 오늘날은 프로필티오우라실PROP이라는 물질을 사용한다. PROP을 이용한 테스트 키트는 상품화되어 인터넷 등에서 구할 수 있다.

에필로그

(1) G. Beauchamp, "Basic Taste: A Perceptual Concept". *J Agri Food Chem*, vol. 67(2019), 13860-13869.

(2) G. Beauchamp, "Basic Taste: A Perceptual Concept" ; 진중권, 《감각의 역사》(창비, 2019)

(3) B. P. Trivedi, "Hardwired for taste", *Nature*, vol. 486 (2012), S.7-S.9

(4) Carolyn Korsmeyer, *Making Sense of Taste*(Ithaca & London: Cornell University Press, 1999).

(5) 진중권, 《감각의 역사》

모든 맛에는 이유가 있다

초판 1쇄 발행 2022년 11월 30일

지은이 정소영·성명훈

펴낸이 이혜경
펴낸곳 니케북스
출판등록 2014년 4월 7일 제300-2014-102호
주소 서울시 종로구 새문안로 92 광화문 오피시아 1717호
전화 (02) 735-9515~6
팩스 (02) 6499-9518
전자우편 nikebooks@naver.com
블로그 nikebooks.co.kr
페이스북 www.facebook.com/nikebooks
인스타그램 www.instagram.com/nike_books

ISBN 979-11-89722-67-8 (03300)

이 도서는 한국출판문화산업진흥원의 '2022년 우수출판사콘텐츠
제작 지원' 사업 선정작입니다.